GENKI

CURSO INTEGRADO DE JAPONÉS BÁSICO
TERCERA EDICIÓN

初級日本語〔げんき〕

げんき

〔第3版〕 **I**

ワークブック
LIBRO DE EJERCICIOS

スペイン語版
VERSIÓN EN ESPAÑOL

坂野永理・池田庸子・大野裕・品川恭子・渡嘉敷恭子
Eri Banno / Yoko Ikeda / Yutaka Ohno / Chikako Shinagawa / Kyoko Tokashiki

JN202146

the japan times PUBLISHING

¡PROHIBIDO ESCANEAR Y SUBIR A INTERNET!

· Escanear este libro y subir los archivos a internet es una violación de los derechos de autor.

· La lista de libros electrónicos GENKI con licencia oficial de The Japan Times Publishing se encuentra en nuestro sitio web.

初級日本語 げんき I ［ワークブック］（第3版）スペイン語版
GENKI: Curso integrado de japonés básico I [Libro de ejercicios] (Tercera edición) Versión en español

2025 年 5 月 5 日　　初版発行

著　者：坂野永理・池田庸子・大野裕・品川恭子・渡嘉敷恭子
発行者：伊藤秀樹
発行所：株式会社 ジャパンタイムズ出版
　　　　〒 102-0082 東京都千代田区一番町 2-2　一番町第二 TG ビル 2F
本書の無断複製は著作権法上の例外を除き禁じられています。

Copyright ©2025 by Eri Banno, Yoko Ikeda, Yutaka Ohno, Chikako Shinagawa, and Kyoko Tokashiki.

All rights reserved. No part of this publication may be reproduced, stored in a retrieval system, or transmitted in any form or by any means, electronic, mechanical, photocopying, recording, or otherwise, without the prior written permission of the publisher.

First edition: May 2025

Illustrations: Noriko Udagawa
Spanish translations and copyreading: Amitt Co., Ltd.
Narrators: Miho Nagahori, Kosuke Katayama, Toshitada Kitagawa, Miharu Muto, and María Yolanda Fernández Herboso
Recordings: The English Language Education Council, Inc.
Typesetting: guild
Cover art and editorial design: Nakayama Design Office (Gin-o Nakayama and Akihito Kaneko)
Printing: Nikkei Printing Inc.

Published by The Japan Times Publishing, Ltd.
2F Ichibancho Daini TG Bldg., 2-2 Ichibancho, Chiyoda-ku, Tokyo 102-0082, Japan

Website: https://jtpublishing.co.jp/
Genki-Online: https://genki3.japantimes.co.jp/

ISBN978-4-7890-1841-8

Printed in Japan

本書について

　このワークブックはテキスト『初級日本語 げんき』の補助教材です。今回『げんき』第3版を制作するにあたり、テキストの改訂内容に合わせてワークブックも加筆修正を行いました。

　「会話・文法編」には、第1課の前にひらがな練習カード、第2課の前にカタカナ練習カードがあります。まずは文字を学んでから、練習に取り組んでください。各課には、テキストで導入された各文法項目につき1ページのワークシートがあります。ワークシートでは既習の文法項目や語彙も復習しながら学習項目の定着を図ることができます。対応する文法項目の番号が表示されているので、必要に応じてテキストの文法説明を確認してワークブックに取り組むといいでしょう。

　各文法項目を学習した後は、「答えましょう」と「聞く練習」で総合的な練習を行うことができます。「聞く練習」には1課につき、会話文を中心として3つまたは4つの問題が収録してあります。

　「読み書き編」は、漢字の練習シート（Práctica de kanji）と漢字の穴埋め問題（Uso de kanji）で構成されています。『げんきⅠ』のワークブックには英文和訳もあります。漢字の導入後、書き方を覚えるまで、この漢字練習シートを使って何度も書いてみましょう。まず、漢字のバランスを意識して薄く書かれている文字をなぞってから、右側の空欄に何度も書いて練習します。筆順はテキストの漢字表を参考にしてください。

　穴埋め問題は、文の中に漢字や熟語が意味のあるものとして含まれていますから、必ず文全体を読んでから解答してください。『げんきⅠ』の英文和訳の練習では、習った漢字をできるだけ使って文を書いてみましょう。

　このワークブックをテキストと併用することで、より効率よく初級日本語を学ぶことができるでしょう。

Sobre este libro

Este libro de ejercicios está diseñado como complemento del libro de texto *GENKI: Curso integrado de japonés básico*. La producción de la tercera edición del libro de texto ha requerido realizar adiciones y otros cambios en el libro de ejercicios para ajustarlo al nuevo texto.

La sección de Conversación y gramática de este libro presenta tarjetas para practicar *hiragana* antes de la lección 1 y *katakana* antes de la lección 2. Antes de empezar a responder los ejercicios, asegúrate de aprender estos caracteres. Cada lección contiene una hoja de trabajo para cada punto gramatical presentado en el libro de texto. Además de ayudarte a practicar material nuevo, las hojas de trabajo también te ayudarán a reforzar tu comprensión de los aspectos gramaticales y del vocabulario que aparece en las lecciones anteriores. Se muestra el número de serie de cada punto gramatical para que, si lo necesitas, puedas buscar rápidamente la correspondiente explicación en el libro de texto y repasarla antes de practicar en el de ejercicios.

Después de estudiar cada nueva idea gramatical, tienes la oportunidad de repasar el material de forma exhaustiva a través de las secciones de Preguntas y Comprensión oral. La sección de Comprensión oral de cada lección incluye tres o cuatro tareas que implican escuchar diálogos y otras grabaciones.

La sección de Lectura y escritura consiste en hojas de trabajo para kanji (Práctica de kanji) y preguntas para completar sobre los kanji (Uso de kanji). El volumen 1 incluye también traducciones del español al japonés. Hay que escribir una y otra vez en la hoja los kanji recién presentados hasta memorizarlos. Primero, calca los trazos ligeramente impresos de los kanji, prestando atención al equilibrio de los caracteres. Luego practica copiándolos una y otra vez en los espacios en blanco de la derecha. Para conocer el orden de los trazos, consulta la tabla de kanji del libro de texto.

En las preguntas para completar, debes leer la oración completa antes de responder para que puedas aprender los kanji en su contexto. Cuando practiques las traducciones del español al japonés del volumen 1, deberás utilizar los kanji previamente estudiados siempre que puedas.

Si combinas este libro de ejercicios con el libro de texto, aprenderás japonés básico con mayor eficacia.

げんき① ワークブック　もくじ

読み書き編
よ か へん

会話・文法編
(かい　わ　ぶん　ぼう　へん)

Conversación y gramática

El sistema de escritura japonés —1 *Hiragana* W-JWS1

1. Escucha el audio y estudia los caracteres *hiragana*.
2. Cuando te hayas familiarizado con ellos, recorta las tarjetas por las líneas continuas, practica la lectura de cada *hiragana* y comprueba su romanización en el reverso.

	a	*i*	*u*	*e*	*o*
	あ	い	う	え	お
k	か	き	く	け	こ
s	さ	し	す	せ	そ
t	た	ち	つ	て	と
n	な	に	ぬ	ね	の
h	は	ひ	ふ	へ	ほ
m	ま	み	む	め	も
y	や		ゆ		よ
r	ら	り	る	れ	ろ
w	わ				を
	ん				

o	e	u	i	a
o	*e*	*u*	*i*	*a*
ko	*ke*	*ku*	*ki*	*ka*
so	*se*	*su*	*shi*	*sa*
to	*te*	*tsu*	*chi*	*ta*
no	*ne*	*nu*	*ni*	*na*
ho	*he*	*fu*	*hi*	*ha*
mo	*me*	*mu*	*mi*	*ma*
yo		*yu*		*ya*
ro	*re*	*ru*	*ri*	*ra*
o (wo)				*wa*
				n

あいさつ Saludos

▶ ¿Qué dicen estas personas? Escribe en japonés (*hiragana*) la expresión adecuada para cada situación.

1. _____

2. _____

3. _____

4. _____

5. _____

6. _____

7. _____

8. _____

9. _____

10. _____

11. _____

12. _____

13. _____

14. _____

すうじ　Números

▶ Lee o escucha los siguientes números y escríbelos en números arábigos. 🔊 W-Suuji

(a) ご　　＿＿＿＿＿

(b) ぜろ　　＿＿＿＿＿

(c) きゅう　　＿＿＿＿＿

(d) さん　　＿＿＿＿＿

(e) なな　　＿＿＿＿＿

(f) に　　＿＿＿＿＿

(g) ろく　　＿＿＿＿＿

(h) いち　　＿＿＿＿＿

(i) はち　　＿＿＿＿＿

(j) よん　　＿＿＿＿＿

(k) じゅうろく　　＿＿＿＿＿

(l) よんじゅう　　＿＿＿＿＿

(m) にじゅういち　　＿＿＿＿＿

(n) ひゃくろくじゅうよん　　＿＿＿＿＿

(o) きゅうじゅうに　　＿＿＿＿＿

(p) さんじゅうご　　＿＿＿＿＿

(q) ななじゅうろく　　＿＿＿＿＿

(r) じゅうはち　　＿＿＿＿＿

(s) ひゃくごじゅうなな　　＿＿＿＿＿

(t) ひゃくいち　　＿＿＿＿＿

第1課 1 X は Y です

🖝 Gramática 1

Ⅰ ▶ Mira el perfil de Takeshi y descríbelo en japonés.

1. たけしさんは＿＿＿＿＿＿＿＿＿＿＿＿＿＿＿＿＿。

2. たけしさんは＿＿＿＿＿＿＿＿＿＿＿＿＿＿＿＿＿。

3. たけしさんは＿＿＿＿＿＿＿＿＿＿＿＿＿＿＿＿＿。

Takeshi, 22 años
Japonés
Estudiante de 4.º año

Ⅱ ▶ Utiliza el patrón «X は Y です » para traducir al japonés las siguientes oraciones.

1. La Sra. Ogawa es japonesa.

＿＿＿＿＿＿＿＿＿＿＿＿＿＿は＿＿＿＿＿＿＿＿＿＿＿＿＿ です。

2. El Sr. Takeda es profesor.

3. Soy un estudiante extranjero.

4. Haruna es estudiante de primer año.

5. La Srta. Yamamoto tiene 25 años.

第1課 だいいっか 2　Oraciones interrogativas　　　　　☛Gramática 2

Ⅰ Mira el cuadro de la p. 46 del libro de texto y completa la conversación.

1. Q：メアリーさんは_____
　　　　 め あ り ぃ 　　　　　　　　　　　　*¿estudiante de primer año?*

　 A：いいえ、にねんせいです。

2. Q：やましたせんせいは_____
　　　　　　　　　　　　　　　　　　 ¿cuántos años?

　 A：よんじゅうななさいです。

3. Q：たけしさんは_____
　　　　　　　　　　　　　　 ¿japonés?

　 A：_____

4. Q：ロバートさんは_____
　　　　 ろ ば あ と 　　　　　　　　 *¿en qué curso (de la escuela)?*

　 A：_____

Ⅱ Haz las preguntas correctas para cada uno de los siguientes intercambios.

1. A：_____

　 B：よねんせいです。

2. A：_____

　 B：じゅうきゅうさいです。

第1課 だいいっか 3 Sustantivo₁ の Sustantivo₂   ☞ Gramática 3

I Traduce las siguientes frases al japonés utilizando el patrón «A の B». Obsérvese que el orden de los dos sustantivos puede ser diferente en español y en japonés. Lee la Gramática 3 (p. 43).

1. El número de teléfono de Takeshi   _____

2. Mi amigo   _____

3. Profesor de japonés   _____

4. La especialidad de Yui   _____

5. Profesor de secundaria   _____

Ⅱ Traduce al japonés las siguientes oraciones.

1. Mi especialidad es el japonés.

2. Soy estudiante de la Universidad Nihon.

3. El profesor Yamashita es profesor de japonés.

4. ¿Es Takeshi un estudiante de la Universidad de Sakura?

   Sí, así es.

第1課　だい いっ か　4　La hora y los números de teléfono

Ⅰ　La hora: mira las siguientes imágenes y escribe las respuestas.

1.　**05:00** PM　　Q：いま　なんじですか。

　　　　　　　　　　A：＿＿＿＿＿＿＿＿＿＿＿＿＿＿＿＿

2.　**09:00** AM　　Q：いま　なんじですか。

　　　　　　　　　　A：＿＿＿＿＿＿＿＿＿＿＿＿＿＿＿＿

3.　**12:30** PM　　Q：いま　なんじですか。

　　　　　　　　　　A：＿＿＿＿＿＿＿＿＿＿＿＿＿＿＿＿

4.　**04:30** AM　　Q：いま　なんじですか。

　　　　　　　　　　A：＿＿＿＿＿＿＿＿＿＿＿＿＿＿＿＿

Ⅱ　Números de teléfono: pregunta a tres personas cuáles son sus números de teléfono y escribe los números en japonés y en números arábigos.

1.　＿＿＿＿＿＿＿＿＿＿＿＿＿＿＿＿＿＿＿＿＿＿＿＿＿

　　(Números arábigos:　　　　　　　　　　　　)

2.　＿＿＿＿＿＿＿＿＿＿＿＿＿＿＿＿＿＿＿＿＿＿＿＿＿

　　(Números arábigos:　　　　　　　　　　　　)

3.　＿＿＿＿＿＿＿＿＿＿＿＿＿＿＿＿＿＿＿＿＿＿＿＿＿

　　(Números arábigos:　　　　　　　　　　　　)

第1課 だい いっ か 5 こたえましょう (Preguntas)

▶ Responde las siguientes preguntas en japonés.

1. おなまえは？

2. おしごと (trabajo) は？

3. なんねんせいですか。

4. なんさいですか。

5. せんこうは なんですか。

6. でんわばんごうは なんばんですか。

第1課 だい いっ か 6 きくれんしゅう (Comprensión oral)

A Escucha las frases y elige la imagen correcta entre las siguientes. 🔊 W01-A

1. (　　　)　2. (　　　)　3. (　　　)　4. (　　　)　5. (　　　)　6. (　　　)

7. (　　　)　8. (　　　)　9. (　　　)　10. (　　　)　11. (　　　)

(a)

(b)

(c)

(d)

(e)

(f)

(g)

(h)

(i)

(j)

(k)

B Escucha los diálogos entre un pasajero y un auxiliar de vuelo en un avión. Averigua las horarios de las siguientes ciudades. 🔊 W01-B

(Ejemplo) とうきょう   8:00 a.m.

1. パリ (París)

2. ソウル (Seúl)

3. ニューヨーク (Nueva York)

4. ロンドン (Londres)

5. タイペイ (Taipéi)

6. シドニー (Sídney)

C Escucha los diálogos entre el Sr. Tanaka y un operador telefónico. Averigua los números de teléfono de las siguientes personas. 🔊 W01-C

(Ejemplo) すずき   51-6751

1. かわさき

2. リー (Lee)

3. ウッズ (Woods)

4. クマール (Kumar)

D Dos estudiantes, Akira y Kate, están conversando. Marca cada una de las siguientes afirmaciones con ◯ si es verdadera o con ✕ si es falsa. 🔊 W01-D

1. (   ) Akira es estudiante de primer año.

2. (   ) Akira es estudiante en la Universidad de América.

3. (   ) La especialidad de Akira es la historia.

4. (   ) Kate es estudiante de segundo año.

5. (   ) La especialidad de Kate es el japonés.

El sistema de escritura japonés —2 *Katakana* W-JWS2

1. Escucha el audio y estudia los caracteres *katakana*.
2. Cuando te hayas familiarizado con los caracteres, recorta las tarjetas por las líneas continuas, practica la lectura de cada *katakana* y comprueba la romanización en el reverso.

	a	*i*	*u*	*e*	*o*
	ア	イ	ウ	エ	オ
k	カ	キ	ク	ケ	コ
s	サ	シ	ス	セ	ソ
t	タ	チ	ツ	テ	ト
n	ナ	ニ	ヌ	ネ	ノ
h	ハ	ヒ	フ	ヘ	ホ
m	マ	ミ	ム	メ	モ
y	ヤ		ユ		ヨ
r	ラ	リ	ル	レ	ロ
w	ワ				ヲ
	ン				

o	e	u	i	a
ko	ke	ku	ki	ka
so	se	su	shi	sa
to	te	tsu	chi	ta
no	ne	nu	ni	na
ho	he	fu	hi	ha
mo	me	mu	mi	ma
yo		yu		ya
ro	re	ru	ri	ra
o (wo)				wa
				n

第2課 だいにか 1 **すうじ** (Números)

I Lee o escucha los siguientes números y escríbelos en números arábigos. 🔊 W02-1

(a) よんひゃくななじゅう _____

(b) はっぴゃくごじゅうさん _____

(c) せんさんびゃく _____

(d) いちまんななせん _____

(e) さんぜんろっぴゃくじゅうに _____

(f) ごせんひゃくきゅうじゅうはち _____

(g) よんまんろくせんきゅうひゃく _____

(h) きゅうまんにひゃくじゅう _____

II Escribe los siguientes números en *hiragana*.

1. 541 _____

2. 2,736 _____

3. 8900 _____

4. 12 345 _____

III Observa las imágenes y completa los diálogos.

¥160   ¥24 000   ¥3600

1. Q：_____

   A：にまんよんせんえんです。

2. Q：かばんは いくらですか。

   A：_____

3. Q：しんぶんは いくらですか。

   A：_____

第2課 2 これ / それ / あれ

☞Gramática 1

I Observa las imágenes y traduce las oraciones al japonés.

1. Esta es mi pluma.　2. Ese es el libro de Ken.　3. ¿Qué es eso?　4. ¿Esto es carne?

1. _____

2. _____

3. _____

4. _____

Ⅱ Mary y Takeshi están conversando. Observa la imagen y completa los espacios en blanco con これ, それ o あれ.

メアリー：1._____ は たけしさんの かさですか。

たけし：　いいえ、2._____ は ゆいさんの かさです。

　　　　　3._____ は メアリーさんの さいふですか。

メアリー：はい、わたしの さいふです。

　　　　　たけしさん、4._____ は たけしさんの じてんしゃですか。

たけし：　はい、そうです。

メアリー：5._____ は なんですか。

たけし：　ゆうびんきょくです。

第2課 だい に か 3 この / その / あの　　　　　　☛Gramática 2

▶ Completa la siguiente conversación entre el dependiente y el cliente de una relojería.

Dependiente：　いらっしゃいませ。

Cliente (*señalando el reloj (1)*)：　1. _____ 。
　　　　　　　　　　　　　　　　　(¿Cuánto cuesta este reloj?)

Dependiente：　そのとけいは　さんぜんえんです。

Cliente (*señalando el reloj (2)*)：　2. _____ 。
　　　　　　　　　　　　　　　　　(¿Cuánto cuesta ese reloj?)

Dependiente：　3. _____ 。

Cliente (*señalando el reloj (3)*)：　4. _____ 。
　　　　　　　　　　　　　　　　　(¿Cuánto cuesta ese reloj?)

Dependiente：　5. _____ 。

Cliente (*decidido por el (3)*)：　6. _____ 。
　　　　　　　　　　　　　　　(Entonces, me llevaré aquel reloj).

第2課 4 ここ / そこ / あそこ・だれの
だいにか

👉 Gramática 3・4

Ⅰ Eres B. Responde las preguntas de A con ここ , そこ o あそこ .

1. A：たけしさんは どこですか。

   B：_____

2. A：ソラさんは どこですか。
   そ ら

   B：_____

3. A：ロバートさんは どこですか。
   ろ ば あ と

   B：_____

4. A：トイレは どこですか。
   と い れ

   B：_____

Ⅱ Kaoru le pregunta a Yui por las cosas que sus amigos han dejado en su habitación.

かおる　　　　　　　　　ゆい

1. かおる：_____

   ゆい：　それは たけしさんの ぼうしです。

2. かおる：_____

   ゆい：　それは わたしの さいふです。

3. かおる：_____

   ゆい：　あれは メアリーさんの かさです。
   　　　　　　　　め あ り い

第2課 だい に か 5 Sustantivo も・Sustantivo じゃないです

☛Gramática 5・6

I Traduce las siguientes oraciones al japonés. Utiliza も después de las frases subrayadas.

1. La Srta. Tanaka es japonesa. El <u>Sr. Yoshida</u> también es japonés.

2. La Srta. Tanaka tiene 20 años. El <u>Sr. Yoshida</u> también tiene veinte años.

3. Este paraguas cuesta 2000 yenes. <u>Ese paraguas</u> también cuesta 2000 yenes.

4. Esta es mi bicicleta. <u>Esa</u> también es mi bicicleta.

5. La especialidad de Takeshi es la historia. <u>Mi especialidad</u> también es la historia.

II Contesta en negativo las siguientes preguntas.

1. たけし さん は かいしゃいん (oficinista) ですか。

2. たけし さん は アメリカじんですか。
あ め り か

3. たけし さん の せんこう は けいざいですか。

4. これ は たけし さん の かさですか。

5. これ は たけし さん の ほんですか。

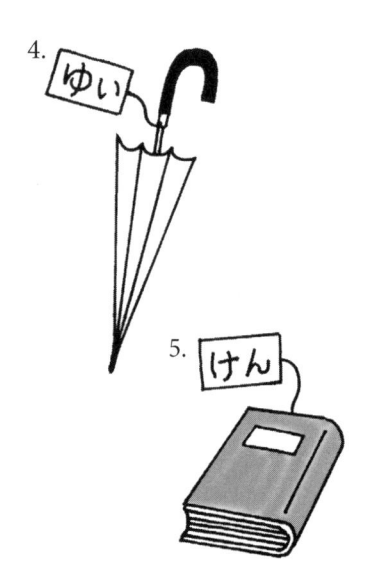

4. ゆい

5. けん

第2課 だいにか 6 こたえましょう (Preguntas)

➤ Responde las siguientes preguntas en japonés.

1. にほんじんですか。

2. にねんせいですか。

3. じゅうきゅうさいですか。

4. せんこうは けいざいですか。

5. おかあさんは にほんじんですか。

6. にほんごの ほんは いくらですか。

第2課 7 きくれんしゅう (Comprensión oral)

A Escucha el diálogo en el quiosco y averigua los precios de los siguientes productos. Si no puedes averiguarlo, pon un signo de interrogación (?). 🔊 W02-A

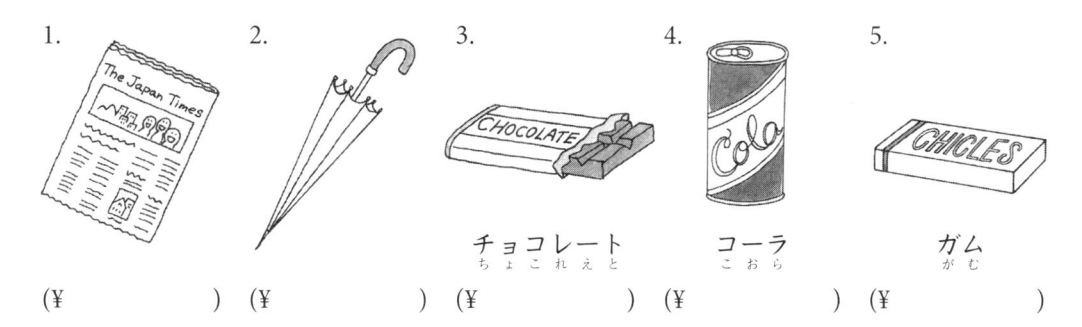

1. 2. 3. チョコレート 4. コーラ 5. ガム

(¥   ) (¥   ) (¥   ) (¥   ) (¥   )

B Mary le presenta a su amiga Christy a Takeshi. Responde las siguientes preguntas en japonés. 🔊 W02-B

＊フランス (Francia)

1. クリスティさんは アメリカじんですか。

2. クリスティさんの せんこうは なんですか。

3. クリスティさんの おとうさんは にほんじんですか。

4. クリスティさんの おかあさんは にほんじんですか。

C Mary y Takeshi están mirando el menú en un restaurante japonés. 🔊 W02-C

¿Cuánto cuestan estos productos?

a. すきやき (¥   ) b. うどん (¥   ) c. てんぷら (¥   )
(cacerola de ternera y verduras) (fideos de trigo) (frituras)

2. Marca cada una de las siguientes afirmaciones con ◯ si es verdadera o con ✕ si es falsa.

a. (   ) El *sukiyaki* lleva pescado.

b. (   ) Mary cree que el *sukiyaki* es caro.

c. (   ) Tanto Takeshi como Mary pidieron *udon*.

第3課　1　Conjugaciones verbales

☛Gramática 1

▶ Memoriza los trece verbos presentados en la lección 3. Lee la explicación sobre las conjugaciones verbales y completa las siguientes tablas.

Verbos en -ru

	forma diccionario	presente afirmativo	presente negativo
1. levantarse			
2. ver			
3. comer			
4. dormir			

Verbos en -u

	forma diccionario	presente afirmativo	presente negativo
5. hablar			
6. escuchar			
7. ir			
8. leer			
9. beber			
10. volver			

Verbos irregulares

	forma diccionario	presente afirmativo	presente negativo
11. venir			
12. hacer			
13. estudiar			

第3課　2　Sustantivo を Verbo　　　　　　　　　　　☛Gramática 3

▶ Escribe una oración con ます y ません utilizando dos de los sustantivos de cada grupo y un verbo de tu elección.

[Ejemplo]

Sustantivo:　さかな　にく　やさい

afirmativo　→　わたしは　やさいを　たべます。

negativo　→　わたしは　にくを　たべません。

1.　Sustantivo:　おさけ　おちゃ　コーヒー

afirmativo　→

negativo　→

2.　Sustantivo:　にほんの　えいが　アメリカの　えいが
　　　　　　　　インド (la India) の　えいが

afirmativo　→

negativo　→

3.　Sustantivo:　テニス　サッカー (fútbol)　バスケットボール (baloncesto)

afirmativo　→

negativo　→

4.　Sustantivo:　ほん　おんがくの　ざっし　スポーツの　ざっし

afirmativo　→

negativo　→

5.　Sustantivo:　にほんの　おんがく　ロック (rock)　クラシック (clásica)

afirmativo　→

negativo　→

第3課 3 Verbos con lugares

☛Gramática 3

Ⅰ ¿Dónde se realizan las siguientes actividades? Añade los lugares y las partículas adecuadas a las siguientes oraciones.

(Ejemplo) <u>としょかんで</u> ほんを よみます。

1. _____ べんきょうします。

2. _____ テレビを みます。

3. _____ コーヒーを のみます。

4. _____ いきます。

5. _____ かえります。

Ⅱ Traduce las siguientes oraciones al japonés.

1. El Sr. Tanaka irá a la biblioteca.

2. Mi amigo vendrá a Japón.

3. El Sr. Suzuki escucha música en casa.

4. Hablo japonés en casa.

5. No almuerzo en la escuela.

第3課 4 **Referencias temporales**   ☞Gramática 4

Ⅰ Expresiones de tiempo: lee la sección Gramática 4 (p. 90) sobre las referencias de tiempo
y clasifica en dos grupos las palabras siguientes. Si las palabras se usan siempre con に ,
escribe に después de ellas.

1. こんばん＿＿＿   4. いつ＿＿＿   7. どようび＿＿＿   10. まいにち＿＿＿

2. しゅうまつ＿＿＿   5. きょう＿＿＿   8. あした＿＿＿   11. まいばん＿＿＿

3. あさ＿＿＿   6. いま＿＿＿   9. じゅういちじ＿＿＿

Ⅱ Tu día: describe lo que haces en un día cualquiera. Incluye descripciones de las
actividades indicadas a continuación. Siempre que sea posible, incluye expresiones
de lugar y tiempo. Consulta la sección Gramática 7 (p. 91) sobre el orden básico de las
oraciones.

おきる　　いく　　たべる　　べんきょうする　　かえる　　ねる

1. わたしは まいにち ＿＿＿＿＿＿じに ＿＿＿＿＿＿＿＿＿＿＿＿＿＿＿＿ます。

2.

3.

4.

5.

Ⅲ Traduce las siguientes oraciones al japonés.

1. Hablo japonés todos los días.

2. No veré la televisión esta noche.

3. Takeshi no viene a la escuela los sábados.

第3課 5 Sugerir con ～ませんか

☞ Gramática 5

Ⅰ Repasa la práctica V-C (p. 99) y traduce la siguiente conversación.

メアリー： 1. _____

(¿Te gustaría ver una película esta noche?)

たけし： 2. _____

(Esta noche no es un buen momento...)

3. _____

(¿Qué tal mañana?)

メアリー： 4. _____

(Suena genial).

Ⅱ Imagina que invitas a alguien a salir. Escribe el diálogo entre tu amigo y tú.

Tú: 1. _____

Amigo: 2. _____

Tú: 3. _____

Amigo: 4. _____

第3課　6　Adverbios de frecuencia　　　　　　　☛Gramática 6

➤ Traduce las siguientes oraciones al japonés.

1. Voy con frecuencia a la biblioteca.

   わたしは ＿＿＿＿＿＿＿ としょかん ＿＿＿＿ ＿＿＿＿＿＿＿＿＿＿＿＿＿。

2. Yumi viene con frecuencia a mi casa.

3. Suelo levantarme a las seis.

4. El profesor Yamashita suele irse a dormir a las once.

5. A veces leo periódicos japoneses.

6. Takeshi a veces toma café en esa cafetería.

7. Yui no come mucho.

第3課　7　答えましょう (Preguntas)

▶ Responde las siguientes preguntas en japonés.

1. よく　スポーツを　しますか。

2. よく　えいがを　みますか。

3. よく　なにを　のみますか。

4. おんがくは　よく　なにを　ききますか。

5. どこで　べんきょうしますか。

6. しゅうまつは　よく　どこに　いきますか。

7. しゅうまつは　よく　なにを　しますか。

8. なんじごろ　おきますか。

9. なんじごろ　ねますか。

第3課　8　聞く練習 (Comprensión oral)

A Escucha el diálogo entre Sora y Mary. ¿Dónde estarán? ¿Qué van a hacer? Elige de la siguiente lista. 🔊 W03-A　　　　　　　　　＊レストラン (restaurante)

		Sábado		Domingo	
		Dónde	Qué	Dónde	Qué
🙂	Mary				
🙂	Sora				

Dónde:

a. escuela	b. biblioteca	c. casa
d. Osaka	e. Tokio	f. Kioto

Qué:

g. leer un libro	h. hacer deporte	i. estudiar
j. ver una película	k. cenar	

B Escucha el diálogo de una reunión nocturna en un campamento de verano. El líder del grupo y los estudiantes discuten el programa del día siguiente. Completa el siguiente programa. 🔊 W03-B　　　　　　　＊スケジュール (programa)　ヨガ (yoga)

1. 6:00 a.m.	(　　　)	6. 3:00 p.m.	(　　　)
2. 7:30	(　　　)	7. 6:00	(　　　)
3. 9:00	(　　　)	8. 7:30	(　　　)
4. 12:30 p.m.	(　　　)	9. 11:30	(　　　)
5. 1:30	(　　　)		

a. desayuno	b. cena	c. levantarse
d. acostarse	e. almuerzo	f. hacer yoga
g. jugar al tenis	h. estudiar	i. ver una película

C Escucha el diálogo entre Sora y su amigo. ¿Con qué frecuencia hace lo siguiente?

🔊 W03-C

(A = todos los días / B = con frecuencia / C = a veces / D = casi nunca / E = nunca)

1. (   ) estudiar japonés

2. (   ) ir a la biblioteca

3. (   ) ver películas norteamericanas

4. (   ) ver películas japonesas

5. (   ) jugar al tenis

6. (   ) beber café

D Escucha el diálogo entre Mary y un amigo japonés y responde las siguientes preguntas.

🔊 W03-D

1. ¿Qué sugirió primero el hombre?   (   )

   a. Café en una cafetería   b. Cerveza en un bar   c. Café en su casa   d. Almuerzo

2. ¿Qué hora es?   (   )

   a. Las 8 en punto   b. Las 9 en punto   c. Las 10 en punto   d. Las 11 en punto

3. ¿Cuál es la excusa de Mary para rechazar la sugerencia? (Marca con ◯ todas las que correspondan)

   a. (   ) Tiene que volver a casa.

   b. (   ) Es demasiado tarde.

   c. (   ) Tiene que estudiar.

   d. (   ) Tiene que acostarse temprano.

4. ¿Qué otras sugerencias hizo el hombre? (Marca con ◯ todas las que correspondan)

   a. (   ) Leer juntos libros en japonés

   b. (   ) Practicar japonés en un café

   c. (   ) Comer juntos al día siguiente

   d. (   ) Acompañarla caminando hasta su casa

第4課　1　X があります / います　　　　　☞Gramática 1

Ⅰ Traduce las siguientes oraciones al japonés.

1. Hay una parada de autobuses allí.

2. El jueves no habrá clases.

3. No tengo bicicleta (lit., No hay bicicleta).

4. El profesor Yamashita está allí.

5. Tengo un hijo (lit., Hay un niño).

Ⅱ Responde las siguientes preguntas en japonés.

1. あした、アルバイトがありますか。

2. いつ日本語のクラスがありますか。

3. 日本に友だちがいますか。

4. 兄弟 (hermanos y hermanas) がいますか。

おねえさん : hermana mayor
いもうと : hermana menor
おにいさん : hermano mayor
おとうと : hermano menor

第4課　2　Describir dónde están las cosas　　　☛Gramática 2

I Haz un dibujo que muestre los elementos mencionados en el siguiente pasaje, cada uno de ellos en correcta relación geométrica con los demás.

スマホはつくえの上です。時計もつくえの上です。
帽子はスマホと時計の間です。かばんはつくえの下です。
つくえはテレビの近くです。

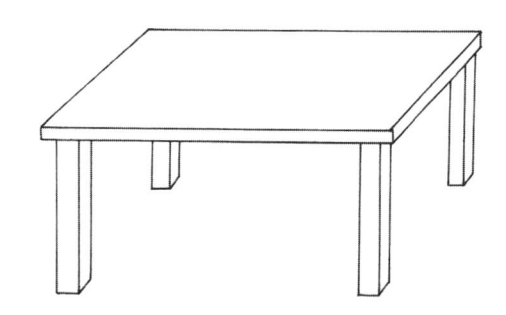

II Observa las imágenes y responde las siguientes preguntas.

1. 雑誌はどこですか。

1.　revista

2. メアリーさんの傘はどこですか。

el paraguas de Mary
2.

3. 日本語の本はどこですか。

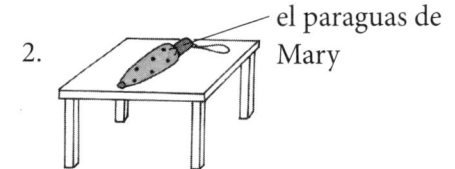
3.　libro en japonés

4. 図書館はどこですか。

5. 銀行はどこですか。

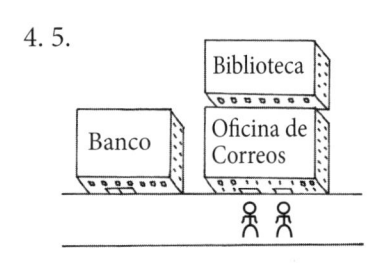
4. 5.　Biblioteca　Banco　Oficina de Correos

第4課　3　**Pasado** (sustantivos)　　　　☞Gramática 3

I Responde las siguientes preguntas.

1. きのうは月曜日でしたか。
　　　　げつよう び

2. きのうは十五日でしたか。
　　　　じゅう ご にち

3. 今日の朝ご飯はハンバーガーでしたか。
　　きょう　あさ　はん

4. 子供の時、いい子供でしたか。
　　こ ども　とき　　　こ ども

II Traduce las siguientes oraciones al japonés.

1. Mi bicicleta costó 30 000 yenes.

2. Ayer fue domingo.

3. La especialidad del profesor no era el inglés.

4. El profesor Yamashita no fue estudiante de la Universidad Nihon.

第4課　4　Conjugaciones verbales (pasado)　　　☛Gramática 4

▶ Completa la siguiente tabla de conjugación. Si no tienes clara la distinción entre verbos en *-u* y *-ru*, repasa la sección Gramática 1 de la lección 3 (pp. 86-88). Si no tienes clara la conjugación del pasado, consulta la tabla de la p. 110.

Verbos en *-u*

	forma diccionario	pasado afirmativo	pasado negativo
1. beber			
2. hablar			
3. escuchar			
4. comprar			
5. tomar			
6. escribir			
7. esperar			
8. haber (algo)			

Verbos en *-ru* y verbos irregulares

	forma diccionario	pasado afirmativo	pasado negativo
9. comer			
10. levantarse			
11. hacer			
12. venir			

第4課　5　Pasado (verbos)　　　　　　　　　　　　☛Gramática 4

I Las siguientes imágenes muestran lo que hizo Takeshi el pasado fin de semana. Responde las siguientes preguntas en japonés.

Viernes	Sábado	Domingo

casa　　　　　　　supermercado　　　　　　ciudad

1. たけしさんは金曜日に音楽を聞きましたか。
   きんようび　おんがく　き

2. たけしさんは土曜日にどこでアルバイトをしましたか。
   どようび

3. たけしさんはいつレポートを書きましたか。
   か

4. たけしさんは日曜日に何をしましたか。(Completa los espacios en blanco).
   にちようび　なに

   ＿＿＿＿＿＿＿で＿＿＿＿＿＿と＿＿＿＿＿＿を

   ＿＿＿＿＿＿＿＿＿＿＿。

5. あなたは、週末、何をしましたか。
   しゅうまつ　なに

II Traduce las siguientes oraciones al japonés.

1. Yumi no tomó ninguna foto.

2. Cuando yo era pequeño, comía hamburguesas con frecuencia.

3. Takeshi no estudió mucho cuando estaba en secundaria.

第4課　6　も

☞Gramática 5

▶ Traduce las oraciones al japonés. Obsérvese que la partícula も sustituye a は, が y を, pero va después de las demás partículas.

1. Mary fue al parque. Takeshi también fue al parque.

2. Hay una librería allí. Hay también un restaurante.

3. Bebo té. Y también café.

4. Ken irá a Corea. Irá también a China.

5. Yui comió helado el viernes. Comió también helado el sábado.

6. Yumi estudió ayer en la biblioteca. Estudió también en casa.

7. Ayer tomé fotos en la escuela. También tomé fotos en casa.

第4課 7 ～時間・Partículas   ☛Gramática 6

Ⅰ Traduce las siguientes oraciones al japonés.

1. Mary <u>vio la televisión</u> <u>durante dos horas</u> <u>ayer</u>.
     (3)   (2)   (1)

  メアリーさんは ＿＿＿＿＿＿ ＿＿＿＿＿＿ ＿＿＿＿＿＿＿＿＿＿。
          (1)   (2)   (3)

2. Takeshi <u>esperó a Mary</u> <u>durante una hora</u> <u>frente a la tienda de conveniencia</u>.
      (3)   (2)   (1)

  たけしさんは ＿＿＿＿＿＿＿＿＿＿＿ ＿＿＿＿＿＿＿
            (1)   (2)

  ＿＿＿＿＿＿＿＿＿＿＿＿＿＿＿＿＿＿＿。
        (3)

3. Sora <u>estudia japonés</u> <u>en la biblioteca</u> <u>durante aproximadamente una hora</u> <u>cada día</u>.
    (4)   (3)   (2)   (1)

  ソラさんは ＿＿＿＿＿＿＿ ＿＿＿＿＿＿＿＿＿
        (1)   (2)

  ＿＿＿＿＿＿＿＿ ＿＿＿＿＿＿＿＿＿＿＿＿＿。
     (3)   (4)

Ⅱ Completa con las partículas que faltan. Podrías necesitar consultar la sección de Vocabulario (p. 105), donde se muestra entre paréntesis la partícula que acompaña a cada uno de los nuevos verbos.

1. 私はあした友だち＿＿＿＿会います。
 わたし   とも   あ

2. メアリーさんは京都のお寺で写真＿＿＿＿撮りました。
      きょうと てら しゃしん と

3. 私は図書館の前でロバートさん＿＿＿＿待ちました。
 わたし としょかん まえ   ま

4. スーパーで肉＿＿＿＿買いました。
    にく か

5. 私は中国語＿＿＿＿わかりません。
 わたし ちゅうごくご

6. 私の町＿＿＿＿日本のレストラン＿＿＿＿あります。
 わたし まち に ほん

第4課　8　答えましょう (Preguntas)

▶ Responde las siguientes preguntas en japonés.

1. あなたの家はどこですか。

2. あなたの町に本屋がありますか。

3. 猫／犬がいますか。名前は何ですか。

4. 今日は何曜日ですか。

5. きのう、だれと晩ご飯を食べましたか。

6. きのう、何時間勉強しましたか。

7. 何曜日に日本語のクラスがありますか。

8. 先週の週末、何をしましたか。

第4課 9 聞く練習 (Comprensión oral)
き れんしゅう

A Mary muestra una foto que tomó en una fiesta. Identifica a las siguientes personas.

W04-A

1. (　　　) Ken
2. (　　　) Rika
3. (　　　) Mike
4. (　　　) Takeshi
5. (　　　) La madre
6. (　　　) El padre

B Mary conversa por la noche con el padre de su familia anfitriona. Escucha el diálogo y responde las preguntas en japonés. W04-B

1. お父さんは今日何をしましたか。　＿＿＿＿＿＿＿＿＿＿＿＿＿＿＿＿＿＿＿
　　とう　　きょう なに

2. お母さんは何をしましたか。　＿＿＿＿＿＿＿＿＿＿＿＿＿＿＿＿＿＿＿
　　かあ　　なに

3. メアリーさんとお父さんはあした何をしますか。　＿＿＿＿＿＿＿＿＿＿＿＿＿
　　　　　　　　とう　　　　　　なに

C Escucha el diálogo en el aula y responde las siguientes preguntas. W04-C

＊カラオケ (karaoke)　テスト (examen)

1. ¿Cuál es la fecha de hoy?

　a. 10 de septiembre　　b. 13 de septiembre　　c. 14 de septiembre　　d. 18 de septiembre

2. ¿Qué día es hoy?

　a. Domingo　　　　b. Lunes　　　　c. Martes　　　　d. Miércoles

　e. Jueves　　　　f. Viernes　　　　g. Sábado

3. ¿Quién hizo estas actividades? Marca con ◯ las actividades que hicieron.

	estudió	tomó fotos	fue a Tokio	leyó un libro	fue al karaoke	hizo las compras
Sora						
Mary						
Robert						

第5課　1　Conjugación de adjetivos (presente)

☛Gramática 1

➤ Completa la siguiente tabla de conjugación.

Adjetivos-い

	forma diccionario	presente afirmativo	presente negativo
1. grande			
2. caro			
3. espeluznante			
4. interesante			
5. antiguo			
6. bueno			

Adjetivos-な

	forma diccionario	presente afirmativo	presente negativo
7. tranquilo			
8. hermoso			
9. saludable			
10. aficionado a			
11. asqueado			
12. animado			

第5課　2　Adjetivos (presente)　　　　　　　　　　☞Gramática 1

Ⅰ Responde las preguntas.

1. 日本語の宿題はやさしいですか。
   <ruby>日本語<rt>に ほん ご</rt></ruby> <ruby>宿題<rt>しゅくだい</rt></ruby>

2. 今日は忙しいですか。
   <ruby>今日<rt>きょう</rt></ruby> <ruby>忙<rt>いそが</rt></ruby>

3. あなたの部屋はきれいですか。
   <ruby>部屋<rt>へ や</rt></ruby>

4. 日本語のクラスはおもしろいですか。
   <ruby>日本語<rt>に ほん ご</rt></ruby>

5. あなたの町は静かですか。
   <ruby>町<rt>まち</rt></ruby> <ruby>静<rt>しず</rt></ruby>

Ⅱ Traduce las siguientes oraciones al japonés.

1. Este reloj es caro.

2. Este café no es delicioso.

3. El profesor Yamashita tiene mucha vitalidad.

4. El tiempo no es bueno.

5. No estaré libre mañana.

第5課　3　Conjugación de adjetivos (presente y pasado)　☞ Gramática 1・2

 Completa la siguiente tabla de conjugación.

Adjetivos-い

	presente afirmativo	presente negativo	pasado afirmativo	pasado negativo
1. あたらしい				
2. いそがしい				
3. さむい				
4. むずかしい				
5. ちいさい				
6. いい				

Adjetivos-な

	presente afirmativo	presente negativo	pasado afirmativo	pasado negativo
7. ひま（な）				
8. にぎやか（な）				
9. すき（な）				
10. きれい（な）				

第5課 4 Adjetivos (pasado)

☛Gramática 2

Ⅰ Responde las preguntas.

1. 先週はひまでしたか。
   せんしゅう

2. テストは難しかったですか。
   むずか

3. きのうは暑かったですか。
   あつ

4. 週末は楽しかったですか。
   しゅうまつ　　たの

5. きのうの晩ご飯はおいしかったですか。
   ばん　はん

Ⅱ Traduce las siguientes oraciones al japonés.

1. Ayer estuve ocupado.

2. La tarea era difícil.

3. La habitación de Takeshi no estaba limpia.

4. El tiempo era bueno.

5. El viaje no fue divertido.

6. El hotel no era caro.

第5課　5　Adjetivo + Sustantivo　　　　☛Gramática 3

I Observa las imágenes y responde las preguntas.

Ej.　　　　1.　　　　　2.　　　　　3.　　　　　4.

pequeño　　　antiguo　　　tranquilo　　　aterrador　　　hermoso

(Ejemplo)　Q：どんな部屋ですか。　　A：小さい部屋です。
　　　　　　　　　　　へ や　　　　　　　　　ちい　　　へ や

1. Q：どんな自転車ですか。　　　A：_____
　　　　　　じ てんしゃ

2. Q：どんな町ですか。　　　　　A：_____
　　　　　　まち

3. Q：どんな人ですか。　　　　　A：_____
　　　　　　ひと

4. Q：どんな家ですか。　　　　　A：_____
　　　　　　いえ

II Traduce las siguientes oraciones.

1. Conocí a una persona amable.

2. Compré frutas deliciosas.

3. La semana pasada leí un libro interesante.

第5課　6　好き (な) / きらい (な)　　　　　☞ Gramática 4

➤ Escribe oraciones en las que indiques si te gustan o no lo que aparece a continuación. Usa 好き (な) para «me gusta» y きらい (な) para «no me gusta» Utiliza 大〜 para enfatizar.

Ejemplo　tareas　→　私 は 宿 題 が 大好 き です。
わたし　しゅくだい　だい す

1. clase de japonés

　→

2. esta ciudad

　→

3. los lunes

　→

4. el océano

　→

5. los gatos

　→

6. las mañanas frías

　→

7. el pescado

　→

8. las películas de miedo

　→

9. (tu propia oración)

　→

第5課　7　〜ましょう / 〜ましょうか　　☛Gramática 5

Ⅰ ▶ Tu amigo y tú pasaréis un día juntos. Completa las partes subrayadas con 〜ましょう.

友だち：どこに行きますか。

私：　1.＿＿＿＿＿＿＿＿＿＿＿＿＿＿＿＿＿＿＿＿＿＿＿＿＿＿＿

友だち：いいですね。そこで何をしますか。

私：　2.＿＿＿＿＿＿＿＿＿＿＿＿＿＿＿＿＿＿。それから、

　　　3.＿＿＿＿＿＿＿＿＿＿＿＿＿＿＿＿＿＿＿＿＿＿＿＿＿＿＿

友だち：何時に会いますか。

私：　4.＿＿＿＿＿＿＿＿＿＿＿＿＿＿＿＿＿＿＿＿＿＿＿＿＿＿＿

Ⅱ ▶ Traduce las siguientes oraciones al japonés.

1. Esperemos el autobús.

2. Salgamos juntos.

3. Tomemos fotos aquí.

4. ¿Vemos esta película esta noche?

5. Esta tarea es difícil. ¿Le preguntamos al profesor?

第5課　8　答えましょう (Preguntas)

I Responde en japonés las siguientes preguntas sobre tu mejor viaje.

1. どこに行きましたか。

2. だれと行きましたか。

3. 天気はどうでしたか。

4. 食べ物はどうでしたか。

5. そこで何をしましたか。

6. おみやげを買いましたか。

II Responde las siguientes preguntas en japonés.

1. どんな食べ物が好きですか。

2. どんな飲み物が好きですか。

3. どんな音楽が好きですか。

第5課　9　聞く練習 (Comprensión oral)
き　　れんしゅう

A Escucha el diálogo entre una agente inmobiliaria y su cliente y elige las respuestas adecuadas. 🔊 W05-A 　　　　　　　　　　　　　＊一か月 (un mes)
いっ　げつ

1. La casa es [a. nueva / b. antigua].

2. La casa está [a. limpia / b. sucia].

3. La casa [a. es tranquila / b. no es tranquila].

4. Las habitaciones son [a. grandes / b. pequeñas].

5. Hay [a. muchas / b. pocas] habitaciones.

6. El alquiler es [a. 90 400 / b. 94 000] yenes al mes.

B Escucha el programa de televisión «¿Quién es mi cita?». Tres hombres quieren invitar a la Sra. Suzuki a una cita. 🔊 W05-B 　　　＊おめでとうございます (Enhorabuena; Felicidades).

1. Completa en japonés los espacios en blanco.

	Tipo favorito	Lo que hace en vacaciones
吉田 よしだ		
川口 かわぐち		
中山 なかやま		

2. ¿A quién eligió la Sra. Suzuki?　　[a. 吉田　　　b. 川口　　　c. 中山]
　　　　　　　　　　　　　　　　　　　　よしだ　　　　かわぐち　　　　なかやま

C Escucha la entrevista con Mary y Takeshi y completa el cuadro con las siguientes letras: A = le gusta / B = no le gusta mucho / C = lo odia. 🔊 W05-C

	J-Pop （Jポップ）	Rock （ロック）	Música clásica （クラシック）	Animación （アニメ）	Películas de terror （ホラー）
Mary					╱
Takeshi					

第6課 1 Forma-*te* ―1

◆Gramática 1

▶ Repasa la sección de Vocabulario (pp. 148-149) y Gramática 1 (pp. 150-151) y rellena la siguiente tabla.

Verbos en -*ru*

	forma diccionario	forma-*te*	forma larga（〜ます）
1. abrir			
2. cerrar			
3. enseñar			
4. olvidar			
5. bajar			
6. pedir prestado			
7. ducharse			
8. encender			

Verbos en -*u*

	forma diccionario	forma-*te*	forma larga（〜ます）
9. fumar			
10. utilizar			
11. ayudar			

12. apurarse			

	forma diccionario	forma-*te*	forma larga（〜ます）
13. devolver (algo)			
14. apagar			

15. ponerse de pie			
16. llevar			

17. morir			

18. jugar			

19. ausentarse			

20. sentarse			
21. entrar			

Verbos irregulares

	forma diccionario	forma-*te*	forma larga（〜ます）
22. traer (a alguien)			
23. traer (algo)			
24. llamar (por teléfono)			

第6課 2 Forma-*te* ―2   ☞Gramática 1

▶ Repasa la Gramática 1 (pp. 150-151) y conjuga los siguientes verbos en sus respectivas formas-*te*. Los números indican la lección en la que los verbos aparecen por primera vez.

Verbos en -*ru*

1. おきる (3)　→

2. たべる (3)　→

3. ねる (3)　　→

4. みる (3)　　→

5. いる (4)　　→

6. でかける (5) →

Verbos en -*u* terminados en う

7. あう (4)　　→

8. かう (4)　　→

Verbos en -*u* terminados en く

9. きく (3)　　→

10. かく (4)　　→

Verbo en -*u* terminado en く (irregular)

11. いく (3)　　→

Verbo en -*u* terminado en ぐ

12. およぐ (5)　→

Verbo en -*u* terminado en す

13. はなす (3)　→

Verbo en -*u* terminado en つ

14. まつ (4)　　→

Verbos en -*u* terminados en む

15. のむ (3)　　→

16. よむ (3)　　→

Verbos en -*u* terminados en る

17. かえる (3)　→

18. ある (4)　　→

19. とる (4)　　→

20. わかる (4)　→

21. のる (5)　　→

22. やる (5)　　→

Verbos irregulares

23. くる (3)　　→

24. する (3)　　→

25. べんきょうする (3) →

第6課 3 ～てください   ☞Gramática 2

I Escribe lo que dice cada persona utilizando ～てください.

1.
tomar una foto

2.
enseñar este kanji

3.
llevar esta bolsa

4.
utilizar esta toalla（タオル）

5.
sentarse

6.
traer un libro

1. _____

2. _____

3. _____

4. _____

5. _____

6. _____

II Escribe tres peticiones, utilizando ～てください. Indica en el paréntesis a quién le vas a pedir que haga esas cosas.

1. (   ) _____

2. (   ) _____

3. (   ) _____

第6課 4 Describir dos actividades

☛Gramática 3

Ⅰ Estas imágenes describen lo que Takeshi hizo ayer. Haz oraciones utilizando formas-*te*.

1.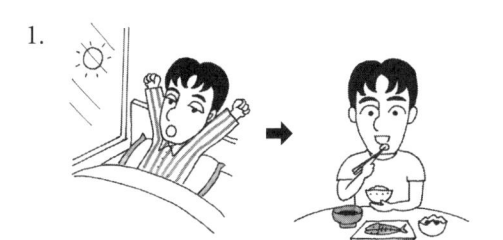

2

3.

4.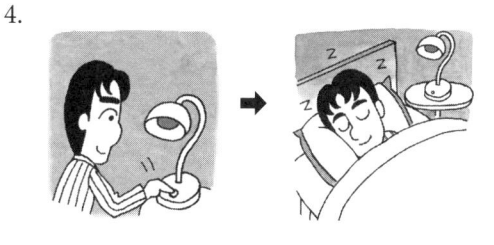

1. _____

2. _____

3. _____

4. _____

Ⅱ Traduce las siguientes oraciones.

1. Me iré a casa a descansar.

2. Mary y Takeshi se juntaron y hablaron casi una hora.

3. Vamos al mar a nadar.

第6課　5　〜てもいいです

☛Gramática 4

▶ Pregunta a las siguientes personas si está bien hacer estas cosas utilizando 〜てもいいで
すか.

A tu amigo en su apartamento:

1. entrar a la habitación

2. mirar las fotos

3. encender la televisión

4. (tu propia oración)

A tu profesor en clase:

5. ir al baño

6. hablar español

7. pedir prestado un libro de texto

8. (tu propia oración)

第6課　6　〜てはいけません　　　　　👉Gramática 5

Ⅰ　Mira las señales y haz oraciones con 〜てはいけません.

1.	2.	3.	4.
No fumar	No entrar	No tomar fotografías	No ingerir alimentos

1. _____

2. _____

3. _____

4. _____

Ⅱ　Describe tres cosas que estén prohibidas en algunos lugares.

(Ejemplo) 寮 (residencia estudiantil) でお酒を飲んではいけません。
　　　りょう　　　　　　　　　　　　　さけ　の

1. _____

2. _____

3. _____

第6課　7　〜から・〜ましょうか　　　☛Gramática 6・7

Ⅰ Traduce las siguientes oraciones utilizando 〜から.

1. Hoy no estoy libre. Porque tengo un examen mañana.

2. El examen no fue difícil. Porque había estudiado mucho.

3. Salgamos esta noche. Porque mañana es festivo.

4. Ayudé a mi madre. Porque estaba ocupada.

5. No tomaré café. Porque tomé café por la mañana.

Ⅱ Completa los diálogos de las siguientes situaciones utilizando 〜ましょうか.

1.

A :＿＿＿＿＿＿＿＿＿＿＿＿＿＿＿＿＿＿＿＿＿＿。

B : ありがとう。お願<small>ねが</small>いします。

2.

A :＿＿＿＿＿＿＿＿＿＿＿＿＿＿＿＿＿＿＿＿＿＿。

B : すみません。お願<small>ねが</small>いします。

3.

A :＿＿＿＿＿＿＿＿＿＿＿＿＿＿＿＿＿＿＿＿＿＿。

B : いいえ、大丈夫<small>だいじょうぶ</small>です。

第6課　8　答えましょう (Preguntas)

▶ Responde las siguientes preguntas en japonés.

1. 朝起きて、何をしますか。
   <small>あさ お　　　なに</small>

2. きのう、家に帰って何をしましたか。
   <small>いえ　かえ　　なに</small>

3. テストの時、教科書を見てもいいですか。
   <small>とき　きょうかしょ　み</small>

4. 電車の中で何をしてはいけませんか。
   <small>でんしゃ　なか　なに</small>

5. 子供の時、よく勉強しましたか。
   <small>こども　とき　　べんきょう</small>

6. 子供の時、よくゲームをしましたか。
   <small>こども　とき</small>

7. 高校の時、よく何をしましたか。
   <small>こうこう　とき　　　なに</small>

第6課 9 聞く練習 (Comprensión oral)
き　れんしゅう

A Escucha el diálogo en un albergue juvenil. Marca cada una de las siguientes afirmaciones con ◯ si es verdadera o con ✕ si es falsa. 🔊 W06-A

＊外 (afuera)　コインランドリー (lavandería [autoservicio])
そと

1. (   ) El desayuno comienza a las 6:30.

2. (   ) No está permitido fumar en las habitaciones.

3. (   ) Puedes ducharte por la mañana.

4. (   ) No hay lavandería en este edificio.

B Robert se aloja en una «habitación de hotel inteligente» en Tokio. Escucha sus órdenes después de «OK, My Room». Marca con ◯ lo que dice. 🔊 W06-B

＊カーテン (cortina)　ライブのチケット (entrada al concierto)　了解しました (Entendido)
りょうかい

Robert pidió:

1. (   ) cerrar la cortina de la ventana   4. (   ) comprar una entrada para un concierto

2. (   ) encender la luz de la habitación   5. (   ) decir la hora en Japón

3. (   ) encender la televisión   6. (   ) llamar a su madre

C Takeshi trata de organizar un picnic. Escucha el diálogo y responde las preguntas en japonés. 🔊 W06-C   ＊ピクニック (pícnic)

1. ¿Cuándo NO le conviene a cada uno de ellos? ¿Por qué?

	a. Día inconveniente	b. Razones
ゆい		
ソラ		
ロバート		

2. いつピクニックに行きますか。 _____
い

第7課　1　Forma-*te*

➤ Identifica los verbos como -*u*, -*ru* o irregulares y completa la siguiente tabla.

	u/ru/ irregular	forma larga	forma-*te*
Ej. ある	*u*	あります	あって
1. わかる			
2. やる			
3. けす			
4. たつ			
5. おきる			
6. かえる			
7. くる			
8. する			
9. あそぶ			
10. きる			
11. かぶる			
12. わすれる			
13. はく			
14. うたう			
15. すむ			
16. けっこんする			

第7課 2 〜ている (Acciones en curso)
☛ Gramática 1

I Describe los siguientes dibujos utilizando 〜ています.

1.    2.    3.    4.   5.

1. _____

2. _____

3. _____

4. _____

5. _____

II Responde las siguientes preguntas en japonés.

1. 今、何をしていますか。

2. きのうの午後八時ごろ何をしていましたか。

III Traduce las siguientes oraciones.

1. Mary está esperando el autobús en la parada.

2. Ayer a las dos, Takeshi estaba jugando al tenis con un amigo.

3. Llamé a casa. Mi hermana mayor estaba durmiendo.

第7課 3 〜ている (Resultado de un cambio)　　　☞Gramática 2

I Esta es la familia de Yui. Responde las siguientes preguntas en japonés.

Padre
51 años, vive en Nagano, trabaja en un banco

Madre
47 años, vive en Nagano, trabaja en un hospital

Hermana mayor
23 años, vive en Tokio, estudiante universitaria, casada

Hermano menor
16 años, vive en Nagano, estudiante

1. お父さんは何をしていますか。

2. お母さんは何をしていますか。

3. お姉さんは働いていますか。

4. お姉さんは結婚していますか。

5. お姉さんは長野に住んでいますか。

6. 弟さんはどこに住んでいますか。

7. お父さんは何歳ですか。

II Escribe sobre tu familia o amigos. Intenta utilizar las expresiones que has aprendido en esta lección.

第7課 4 Describir personas

▶Gramática 3

I Traduce las siguientes oraciones.

1. Yasuo no es alto.

2. Yasuo es muy brillante.

3. Hoy Norio lleva una camiseta nueva.

4. Norio es delgado, pero Yasuo tiene sobrepeso.

やすお　のりお

II Estás en un gran centro comercial con tu hermana pequeña, pero ahora ha desaparecido. Informa al servicio de atención al cliente y describe a tu hermana.

1. Gorra:

2. Pelo:

3. Anteojos/Gafas:

4. Ojos:

5. Ropa (por encima de la cintura):

6. Ropa (por debajo de la cintura):

第7課　5　Formas-*te* de adjetivos y sustantivos　　☛Gramática 4

I Observa los siguientes dibujos y completa las oraciones.

1.

barato/delicioso

2.

tranquilo/aburrido

3.

muy pequeño/bonito

4.

muy limpio/nuevo

5.

antiguo/interesante

6.

pelo largo/ojos grandes

1. あのレストランの食べ物は＿＿＿＿＿＿＿＿＿＿＿＿＿＿＿＿＿＿＿＿。

2. 私の町は＿＿＿＿＿＿＿＿＿＿＿＿＿＿＿＿＿＿＿＿＿＿＿＿＿＿。

3. 私の猫は＿＿＿＿＿＿＿＿＿＿＿＿＿＿＿＿＿＿＿＿＿＿＿＿＿＿。

4. 私の部屋は＿＿＿＿＿＿＿＿＿＿＿＿＿＿＿＿＿＿＿＿＿＿＿＿＿。

5. このお寺は＿＿＿＿＿＿＿＿＿＿＿＿＿＿＿＿＿＿＿＿＿＿＿＿＿＿。

6. ななみさんは＿＿＿＿＿＿＿＿＿＿＿＿＿＿＿＿＿＿＿＿＿＿＿＿。

II Describe los siguientes elementos utilizando dos o más adjetivos.

1. 日本は＿＿＿＿＿＿＿＿＿＿＿＿＿＿＿＿＿＿＿＿＿＿＿＿＿＿＿＿。

2. 私は＿＿＿＿＿＿＿＿＿＿＿＿＿＿＿＿＿＿＿＿＿＿＿＿＿＿＿＿＿＿。

3. 私の町は＿＿＿＿＿＿＿＿＿＿＿＿＿＿＿＿＿＿＿＿＿＿＿＿＿＿＿＿。

4. 私の友だちは＿＿＿＿＿＿＿＿＿＿＿＿＿＿＿＿＿＿＿＿＿＿＿＿＿。

第7課　6　Raíz verbal ＋に行く / 来る / 帰る　　☛Gramática 5

I Reescribe las oraciones que aparecen a continuación utilizando el patrón raíz ＋ に行く / 来る / 帰る.

(Ejemplo) 図書館に行って、本を借ります。 → 図書館に本を借りに行きます。

1. 大阪に行って、友だちに会います。

→

2. 家に帰って、晩ご飯を食べます。

→

3. きのう、町に行って、雑誌を買いました。

→

4. 私は週末京都に行って、写真を撮りました。

→

5. ロバートさんはよく私のアパートに来て、パソコンを使います。

→

II Haz tus propias oraciones utilizando algunos de los siguientes lugares.

Ej. 大学　日本　食堂　コンビニ　友だちのうち　図書館　お寺　海

(Ejemplo) 大学 → 大学に友だちに会いに行きます。

1. _____

2. _____

3. _____

4. _____

第7課 7 Contar personas

☞ Gramática 6

I Responde en japonés estas preguntas.

1. 兄弟がいますか。何人いますか。
   きょうだい　　　　　なんにん

2. ルームメイト (compañero de cuarto) がいますか。何人いますか。
   なんにん

3. 日本語のクラスに学生が何人いますか。
   に ほん ご　　　　　がくせい　なんにん

4. あなたの町に人が何人ぐらい住んでいますか。
   まち　ひと　なんにん　　　　す

5. 日本人の友だちが何人いますか。
   に ほんじん　とも　　　なんにん

II Traduce las siguientes oraciones.

1. Q：¿Cuántos alumnos hay en tu escuela?

   A：En mi escuela hay unos 10 000 alumnos.

2. Mi hermana mayor tiene dos hijos.

第7課　8　答えましょう (Preguntas)

▶ Marca con un círculo a una de estas personas y responde en japonés a las preguntas sobre ella.

padre	madre	amigo	novia	novio
otros (　　　　　　　　　　)				

1. 名前は何ですか。

2. 何歳ですか。

3. どこに住んでいますか。

4. 何をしていますか。

5. 結婚していますか。

6. 背が高いですか。

7. 髪が長いですか。

8. どんな人ですか。(describe dos rasgos de personalidad)

第7課 9 聞く練習 (Comprensión oral)
き れんしゅう

A Alguien le robó a un estudiante en la residencia. Un agente de policía le pregunta a Robert qué estaban haciendo él y los demás estudiantes en el momento del incidente. Escribe en japonés lo que hacían las siguientes personas. 🔊 W07-A   *ほかの (otros)

1. ロバートさんとソラさんは、_____

2. たけしさんとけんさんは、_____

3. ゆいさんは、_____

B Escucha a un reportero de televisión en la fiesta de un famoso. Elige las descripciones adecuadas para cada famoso. 🔊 W07-B   *ドレス (vestido) ボーイフレンド (novio)

1. Uno Daiki   (   ) (   )

2. Noguchi Erika   (   ) (   )

3. Matsumoto Kana   (   ) (   )

4. El nuevo novio de Matsumoto Kana (   ) (   )

a. lleva *jeans* [vaqueros]	b. tiene el pelo corto	c. lleva anteojos	d. lleva sombrero
e. tiene el pelo largo	f. es lindo/da	g. es gordo/da	h. es alto/ta

C Mary está entrevistando a personas que pasean por el centro de la ciudad un domingo. ¿Qué hace hoy cada entrevistado? Elige las respuestas correctas. 🔊 W07-C

1. Tanaka: [a. compra flores   b. compra cartas   c. compra un juego]

2. Sato: [a. juega   b. canta   c. hace deporte]

3. Suzuki: [a. trabaja en unos grandes almacenes   b. visita a su hermana menor

              c. conversa con su hermano menor]

第8課　1　Formas cortas (presente)

☛Gramática 1

▶ Completa la siguiente tabla de conjugación. Obsérvese que los verbos en *-ru*, *-u* e irregulares aparecen aleatoriamente en esta página.

	forma diccionario	corta, negativa	larga, afirmativa	forma-*te*
Ej. comer	たべる	たべない	たべます	たべて
1. abrir				
2. comprar				
3. sentarse				
4. venir				
5. morir				
6. apagar				
7. estudiar				
8. escribir				
9. haber (algo)				
10. beber				
11. comprender				
12. esperar				
13. jugar				
14. apresurarse				

第8課 2 **Formas cortas** (habla informal)   ☞Gramática 2

I Haz oraciones interrogativas informales utilizando las pistas y respóndelas en negativo.

[Ejemplo] ¿Vas a estudiar japonés hoy?

→ Q：今日、日本語を勉強する？ A：ううん、勉強しない。
きょう　にほんご　べんきょう　　　　　　　　　　　べんきょう

1. ¿Viajas con frecuencia en autobús?

→ Q：＿＿＿＿＿＿＿＿＿＿＿＿ A：ううん、＿＿＿＿＿＿＿＿＿＿

2. ¿Hablas japonés todos los días?

→ Q：＿＿＿＿＿＿＿＿＿＿＿＿ A：ううん、＿＿＿＿＿＿＿＿＿＿

3. ¿Tienes tareas hoy?

→ Q：＿＿＿＿＿＿＿＿＿＿＿＿ A：ううん、＿＿＿＿＿＿＿＿＿＿

4. ¿Vas a salir este fin de semana?

→ Q：＿＿＿＿＿＿＿＿＿＿＿＿ A：ううん、＿＿＿＿＿＿＿＿＿＿

5. ¿Estás libre mañana?

→ Q：＿＿＿＿＿＿＿＿＿＿＿＿ A：ううん、＿＿＿＿＿＿＿＿＿＿

6. ¿Eres japonés?

→ Q：＿＿＿＿＿＿＿＿＿＿＿＿ A：ううん、＿＿＿＿＿＿＿＿＿＿

7. ¿Está caliente?

→ Q：＿＿＿＿＿＿＿＿＿＿＿＿ A：ううん、＿＿＿＿＿＿＿＿＿＿

II Responde las siguientes preguntas en habla informal.

1. 今日は何曜日？
きょう　なんようび

2. どんな食べ物がきらい？
た　もの

3. 今週の週末、何をする？
こんしゅう　しゅうまつ　なに

第8課　3　Citas（〜と思<ruby>思<rt>おも</rt></ruby>います）　　　　☞Gramática 3

I Traduce las siguientes oraciones. En las oraciones 4-6, «No creo...» debe traducirse como 〜ないと<ruby>思<rt>おも</rt></ruby>います.

　1. Creo que el profesor Yamashita es guapo.

　2. Creo que esta mujer es la profesora de japonés de Mary.

　3. Creo que el profesor Yamashita lee muchos libros.

　4. No creo que esta ciudad sea interesante (lit., creo que esta ciudad no es interesante).

　5. No creo que a Mai le guste Mayumi.

　6. No creo que nieve mañana.

II Responde las siguientes preguntas utilizando 〜と<ruby>思<rt>おも</rt></ruby>います.

　1. あしたはどんな<ruby>天気<rt>てん き</rt></ruby>ですか。

　2. <ruby>来週<rt>らいしゅう</rt></ruby>は<ruby>忙<rt>いそが</rt></ruby>しいですか。

　3. あなたの<ruby>日本語<rt>に ほん ご</rt></ruby>の<ruby>先生<rt>せんせい</rt></ruby>は、<ruby>料理<rt>りょう り</rt></ruby>が<ruby>上手<rt>じょうず</rt></ruby>ですか。

　4. あなたの<ruby>日本語<rt>に ほん ご</rt></ruby>の<ruby>先生<rt>せんせい</rt></ruby>は、<ruby>今週<rt>こんしゅう</rt></ruby>の<ruby>週末<rt>しゅうまつ</rt></ruby>、<ruby>何<rt>なに</rt></ruby>をしますか。

第8課　4　Citas（〜と言っていました）　　　　　　　☞Gramática 4

▶ Hazle a alguien (de preferencia japonés) las siguientes preguntas. Informa de las respuestas con 〜と言っていました.

〔Ejemplo〕大学生ですか。→　田中さんは大学生だと言っていました。

1. 毎日、楽しいですか。

　→

2. どんな果物が好きですか。

　→

3. よくお酒を飲みますか。

　→

4. どんなスポーツをよくしますか。

　→

5. 兄弟がいますか。

　→

6. どこに住んでいますか。

　→

7. 結婚していますか。

　→

8. 車を持っていますか。

　→

9. 週末はたいてい何をしますか。

　→

10. (tu propia pregunta)

　→

Consigue la firma de la persona entrevistada: ＿＿＿＿＿＿＿＿＿＿＿＿＿＿＿＿

第8課 5 〜ないでください　　　　　　　　　　　　☛Gramática 5

Ⅰ Traduce las siguientes oraciones.

(Ejemplo)　Por favor, no me esperes. (Porque) llegaré tarde.

→ 私を待たないでください。遅くなりますから。
わたし　ま　　　　　　　　　　　　おそ

1. Por favor, no olvides tu paraguas. (Porque) esta tarde lloverá.

→

2. Por favor, no abras la ventana. (Porque) tengo frío.

→

3. Por favor, no apagues la televisión. (Porque) estoy viendo las noticias (ニュース).

→

4. Por favor, no tires la revista. (Porque) no es mía.

→

Ⅱ Escribe la forma diccionario de cada uno de los verbos utilizados en las siguientes oraciones.

(Ejemplo) たべないでください。　→ _____たべる_____

1. きらないでください。　　　_____

2. きないでください。　　　　_____

3. こないでください。　　　　_____

4. かかないでください。　　　_____

5. しないでください。　　　　_____

6. しなないでください。　　　_____

7. かえらないでください。　　_____

8. かわないでください。　　　_____

第8課　6　Verbo のが好きです / 上手です　　　☛Gramática 6

I　Escribe en qué eres o no bueno, o qué te gusta y qué no te gusta hacer, utilizando los verbos del recuadro.

hablar japonés	conducir un coche	tomar fotos	cantar
escuchar música	tomar un baño	practicar deportes	cocinar
lavar la ropa	limpiar	lavar un vehículo	

1. 私は＿＿＿＿＿＿＿＿＿＿＿＿＿＿＿＿＿下手です。

2. 私は＿＿＿＿＿＿＿＿＿＿＿＿＿＿＿あまり上手じゃないです。

3. 私は＿＿＿＿＿＿＿＿＿＿＿＿＿＿＿＿大好きです。

4. 私は＿＿＿＿＿＿＿＿＿＿＿＿＿＿＿＿＿きらいです。

5. 私は＿＿＿＿＿＿＿＿＿＿＿＿＿＿あまり好きじゃないです。

II　Traduce las siguientes oraciones.

1. Erika es muy buena haciendo amigos.

2. A Kenta le encanta leer libros.

3. Haruto odia limpiar la habitación.

4. Yui no es buena conduciendo (vehículos).

5. A Yuki no le gusta mucho lavar la ropa.

第8課　7　が・何か y 何も

☛Gramática 7・8

Ⅰ Observa la imagen de una fiesta y completa las siguientes conversaciones.

1. Q：だれが新聞を読んでいますか。

　A：＿＿＿＿＿＿＿＿＿＿＿＿＿＿＿＿＿＿＿＿。

2. Q：＿＿＿＿＿＿＿＿＿＿＿＿＿＿＿＿＿＿＿＿。

　A：森さんが撮っています。

3. Q：だれがめがねをかけていますか。

　A：＿＿＿＿＿＿＿＿＿＿＿＿＿＿＿＿＿＿＿＿。

4. Q：＿＿＿＿＿＿＿＿＿＿＿＿＿＿＿＿＿＿＿＿。

　A：田中さんがかぶっています。

Ⅱ Traduce las siguientes oraciones.

(Obsérvese especialmente que 何か y 何も no suelen ir acompañados de partículas)

1. Q：¿Comiste algo esta mañana?

　A：No, no comí nada esta mañana.

2. Q：¿Qué vas a hacer el fin de semana?

　A：No haré nada.

3. ¿Te gustaría beber algo?

4. Kento preguntó algo, pero no entendí.

第8課 8 答えましょう (Preguntas)

I Responde en japonés las siguientes preguntas utilizando 〜と思います.

1. 日本語のクラスについてどう思いますか。

2. 日本語の先生は何をするのが好きですか。

3. あした、雨が降りますか。

4. あなたの友だちは料理が上手ですか。

II Responde las siguientes preguntas en japonés.

1. 何をするのが好きですか。

2. 何をするのが下手ですか。

3. 何をするのがきらいですか。

4. 掃除するのが好きですか。

第8課　9　聞く練習 (Comprensión oral)
きくれんしゅう

A Elige la imagen que describa la situación en la que probablemente oirías cada una de las oraciones. 🔊 W08-A

1. (　　) 　　2. (　　) 　　3. (　　) 　　4. (　　) 　　5. (　　) 　　6. (　　) 　　7. (　　)

B Robert y Ken están conversando. Responde las preguntas en japonés. 🔊 W08-B

＊〜と言っていた (versión informal de 〜と言っていました)
い　　　　　　　　　　　　　　　　　　　　い

1. ロバートさんとけんさんは、いつゲームをしますか。

2. たけしさんはゲームをしに来ますか。どうしてですか。
き

3. トムさんはゲームをしに来ますか。どうしてですか。
き

C Mary le cuenta a la clase de su entrevista con el profesor Honma. Encierra en un círculo todos los puntos verdaderos. 🔊 W08-C　　　　　＊インタビュー (entrevista)

1. Los fines de semana, el profesor Honma:

　　[a. juega béisbol　　　b. juega al tenis　　　c. ve deportes　　　d. tiene citas].

2. Profesor Honma:　　　[a. nunca cocina　　　b. cocina a veces　　　c. es un buen cocinero

　　　　　　　　　　　　　d. no es un buen cocinero].

3. Los alumnos del profesor Honma son:

　　[a. animados　　　b. tranquilos　　　c. diligentes　　　d.. amables　　　e. interesantes].

第9課 1 Formas cortas del pasado

☛Gramática 1

➤ Completa la siguiente tabla.

Verbos

forma diccionario	pasado, afirmativo	pasado, negativo	largo, presente
Ej. たべる	たべた	たべなかった	たべます
1. よむ			
2. あそぶ			
3. おぼえる			
4. いく			
5. もらう			
6. おどる			
7. およぐ			
8. ひく			
9. やすむ			
10. する			
11. くる			

Adjetivos/Sustantivo

forma diccionario	pasado, afirmativo	pasado, negativo
Ej. おもしろい	おもしろかった	おもしろくなかった
12. わかい		
13. かっこいい		
Ej. いじわる(な)	いじわるだった	いじわるじゃなかった
14. きれい(な)		
15. にちようび		

第9課　2　Formas cortas del pasado (habla informal)　　☛Gramática 2

I Haz oraciones interrogativas informales utilizando las pistas y respóndelas en negativo.

(Ejemplo)　きのう、日本語を勉強する
　　　→　Q：きのう、日本語を勉強した？　A：ううん、勉強しなかった。

1. きのう、友だちに会う
　　→　Q：＿＿＿＿＿＿＿＿　　A：ううん、＿＿＿＿＿＿

2. きのう、運動する
　　→　Q：＿＿＿＿＿＿＿＿　　A：ううん、＿＿＿＿＿＿

3. 先週、試験がある
　　→　Q：＿＿＿＿＿＿＿＿　　A：ううん、＿＿＿＿＿＿

4. 先週の週末、大学に来る
　　→　Q：＿＿＿＿＿＿＿＿　　A：ううん、＿＿＿＿＿＿

5. 先週の週末、楽しい
　　→　Q：＿＿＿＿＿＿＿＿　　A：ううん、＿＿＿＿＿＿

6. 子供の時、髪が長い
　　→　Q：＿＿＿＿＿＿＿＿　　A：ううん、＿＿＿＿＿＿

7. 子供の時、勉強がきらい
　　→　Q：＿＿＿＿＿＿＿＿　　A：ううん、＿＿＿＿＿＿

II Haz las preguntas que quieras hacerle a tu amigo sobre su infancia, en habla informal.

(Ejemplo)　子供の時、よくスポーツをした？

1.

2.

3.

第9課 3 Citas（～と思<ruby>思<rt>おも</rt></ruby>います） ☞Gramática 3

I Traduce las siguientes oraciones utilizando la forma corta ＋ と思<ruby>思<rt>おも</rt></ruby>います. En las oraciones 4-6, «No creo...» debe traducirse como ～なかったと思<ruby>思<rt>おも</rt></ruby>います.

1. Creo que el concierto comenzó a las nueve.

2. Creo que Ken hizo ejercicio el fin de semana pasado.

3. Creo que el padre de Tadashi era guapo cuando era joven.

4. No creo que el examen de la semana pasada fuera difícil (lit., creo que el examen de la semana pasada no fue difícil).

5. No creo que Mie fuera mala cuando era niña.

6. No creo que Mai haya recibido una carta de Mari.

II Supón cómo eran tus amigos/familiares/profesores cuando eran pequeños utilizando ～と思<ruby>思<rt>おも</rt></ruby>います.

(Ejemplo) メアリーさんは子供<ruby>子供<rt>こども</rt></ruby>の時<ruby>時<rt>とき</rt></ruby>、かわいかったと思<ruby>思<rt>おも</rt></ruby>います。

1.

2.

3.

第9課　4　Citas（〜と言っていました）　　　　☞Gramática 4

▶ Hazle a alguien (de preferencia japonés) las siguientes preguntas. Informa de las respuestas con 〜と言っていました.

[Ejemplo] 仕事は何ですか。 →　田中さんは会社員だと言っていました。

1. どんな音楽をよく聞きますか。

→

2. 何をするのがきらいですか。

→

3. 先週の週末、何をしましたか。

→

4. 子供の時、いい子でしたか。

→

5. 子供の時、背が高かったですか。

→

6. 子供の時、学校が好きでしたか。

→

7. 子供の時、どこに住んでいましたか。

→

8. 子供の時、よく何をしましたか。

→

9. (tu propia pregunta)

→

Consigue la firma de la persona entrevistada: _____

第9課 5 Calificar sustantivos con verbos

☛Gramática 5

▶ Observa la imagen y responde las preguntas. Utiliza el patrón 〇〇さんは～ている人です
para describir lo que cada persona está haciendo actualmente.

1. みどりさんはどの人ですか。

2. ともやさんはどの人ですか。

3. はなさんはどの人ですか。

4. しんじさんはどの人ですか。

5. えりかさんはどの人ですか。

第9課　6　もう〜ました / まだ〜ていません

👉Gramática 6

➤ Escribe las preguntas para saber si ya se han hecho las cosas que se indican a continuación. Respóndelas utilizando もう o まだ. Presta atención a las formas verbales afirmativas y negativas cuando respondas.

(Ejemplo)　almorzar

　　　　　→　Q：もう昼ご飯を食べましたか。
　　　　　　　A：はい、もう食べました。／いいえ、まだ食べていません。

1. memorizar nuevos kanji

　　　→　Q：_____

　　　　　A：はい、_____

2. limpiar la habitación

　　　→　Q：_____

　　　　　A：いいえ、_____

3. hablar con el nuevo profesor

　　　→　Q：_____

　　　　　A：いいえ、_____

4. escribir un informe

　　　→　Q：_____

　　　　　A：はい、_____

第9課　7　〜から

◖☞ Gramática 7

Ⅰ Traduce las siguientes oraciones. Obsérvese que [la razón + から] antecede al resultado.

1. No voy a hacer ejercicio porque hoy estoy enfermo.

2. Hoy no voy a dar un paseo porque está lloviendo.

3. Minami es muy popular porque es buena bailando.

4. Me sentía muy solo/a porque no tenía amigos.

Ⅱ Responde las preguntas utilizando [la forma corta + から].

[Ejemplo]　Q：きのう勉強しましたか。
　　　　　　A：いいえ、宿題がなかったから、勉強しませんでした。

1. Q：先週は忙しかったですか。

　　A：_____。

2. Q：きのう、学校に来ましたか。

　　A：_____。

3. Q：今週の週末、出かけますか。

　　A：_____。

4. Q：来年も日本語を勉強しますか。

　　A：_____。

第9課　8　答えましょう (Preguntas)

▶ Responde las siguientes preguntas en estilo informal.

1. きのうの晩ご飯は何を食べた？

　おいしかった？

2. きのう何時ごろ寝た？

3. きのう洗濯した？

4. もう十課 (lección 10) の単語を覚えた？

5. 先週、映画を見た？

　どうだった？

6. 子供の時、何をするのが好きだった？

7. 週末、何をした？

第9課 9 聞く練習 (Comprensión oral)
き れんしゅう

A Ken y Yui están conversando. Escucha el diálogo y responde las preguntas en japonés.

🔊 W09-A   ＊イタリア (Italia)

1. だれが遅くなりましたか。
   おそ

2. けんさん／ゆいさんは何分ぐらい待ちましたか。
   なんぷん ま

3. けんさんとゆいさんは何をしますか。
   なに

4. レストランはどこにありますか。

B Jun muestra una foto tomada en su fiesta de cumpleaños. ¿Dónde están las siguientes personas en la foto? 🔊 W09-B   ＊ケーキ (pastel)　ワイン (vino)

1. (   ) Jun

2. (   ) El amigo de Jun

3. (   ) La hermana menor de Jun

4. (   ) La hermana mayor de Jun

5. (   ) El hermano menor de Jun

6. (   ) El padre de Jun

7. (   ) Pochi

C Escucha el diálogo en una tienda. ¿Cuántas unidades de cada producto ha vendido el tendero/dependiente? 🔊 W09-C

	¿Cuántos?	Importe total
1. café	( )	¥_____
2. naranja （オレンジ）	( )	¥_____
3. bolitas de arroz （おにぎり）	( )	¥_____

4. té   (   ) ¥_____

5. caja de almuerzo (   ) ¥_____

第10課　1　Comparación entre dos cosas　　　☞Gramática 1

I Traduce las siguientes oraciones.

1. Rusia（ロシア）es más grande que Canadá（カナダ）.

2. Los domingos son más entretenidos que los lunes.

3. Takeshi es mayor que Mary.

4. Q：¿Qué te gusta más, el fútbol o el béisbol?

   A：Me gusta más el béisbol.

II Haz oraciones comparativas (tanto preguntas como respuestas).

[Ejemplo]　Q：日本語のクラスとビジネスのクラスとどっちのほうが大変ですか。
　　　　　　A：日本語のクラスのほうがビジネスのクラスより大変です。

1. Q：

　A：

2. Q：

　A：

第10課 2 Comparación entre tres o más cosas   ☛Gramática 2

Ⅰ A partir de las siguientes categorías, haz preguntas del tipo «qué/dónde/quién es el más...» y respóndelas.

> Ej.
> 日本料理 　世界の町 　有名人 　季節 　野菜 　外国語
> に ほんりょう り 　せ かい 　まち 　ゆうめいじん 　き せつ 　や さい 　がいこく ご

Ejemplo

Q：日本料理の中で、何がいちばんおいしいですか。
に ほんりょう り 　なか 　　　なに

A：すしがいちばんおいしいです。／すしがいちばんおいしいと思います。
おも

1. Q：

   A：

2. Q：

   A：

3. Q：

   A：

Ⅱ Haz oraciones de comparación con los siguientes elementos.

Ejemplo　kanji / *katakana* / *hiragana*

→　漢字とカタカナとひらがなの中で、漢字がいちばん難しいです。
かん じ 　　　　　　　　　　　　　　なか 　かん じ 　　　　　　むずか

1. Takeshi / Robert / profesor Yamashita

2. carne / pescado / verduras

第10課 3 Adjetivo/Sustantivo ＋ の　　　　☞Gramática 3

Ⅰ Observa las imágenes y escribe tus propias respuestas utilizando の.

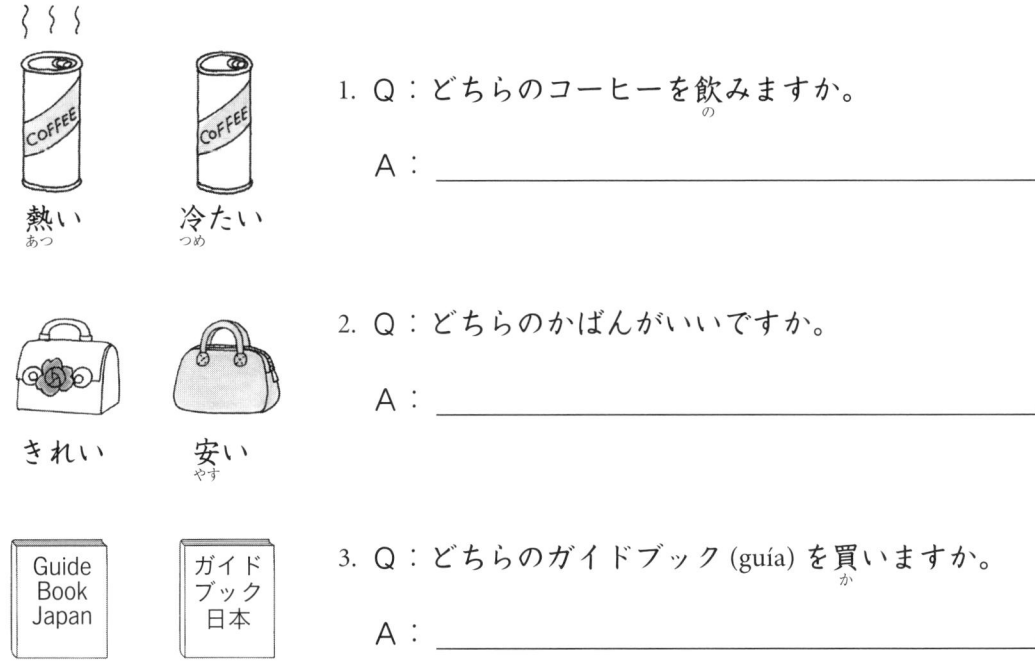

熱い
あつ

冷たい
つめ

1. Q：どちらのコーヒーを飲みますか。
の

A：＿＿＿＿＿＿＿＿＿＿＿＿＿＿＿＿＿＿＿。

きれい

安い
やす

2. Q：どちらのかばんがいいですか。

A：＿＿＿＿＿＿＿＿＿＿＿＿＿＿＿＿＿＿＿。

Guide Book Japan

英語
えいご

ガイドブック日本

日本語
にほんご

3. Q：どちらのガイドブック (guía) を買いますか。
か

A：＿＿＿＿＿＿＿＿＿＿＿＿＿＿＿＿＿＿＿。

Ⅱ Traduce las siguientes oraciones.

1. Este reloj es caro. Deme uno barato.

2. Mi computadora es más lenta que la tuya.

3. ¿Qué tipo de películas te gustan? —Me gustan las de terror.

4. Este coche es viejo. Voy a comprar uno nuevo.

5. Esta camiseta roja es más cara que esa blanca.

第10課 4 〜つもりだ　　　　　　　　　　　　　　　☞Gramática 4

Ⅰ Haz oraciones utilizando 〜つもりです.

(Ejemplo)　ver una película esta noche

→　今晩映画を見るつもりです。
こんばんえい が　み

1. no salir el domingo

→

2. trabajar en una empresa japonesa

→

3. no casarse

→

4. quedarme en casa de mi amigo porque los hoteles son caros

→

Ⅱ Responde las siguientes preguntas utilizando 〜つもりです.

1. 今晩何をしますか。
こんばんなに

2. この週末、何をしますか。
しゅうまつ　なに

3. 来年も日本語を勉強しますか。
らいねん　にほんご　べんきょう

4. 夏休み／冬休みに何をしますか。
なつやす　ふゆやす　なに

第10課　5　Adjetivo ＋ なる　　　　　　☛ Gramática 5

I Describe los siguientes cambios utilizando 〜なりました.

1.   alta

1. _____

2. _____

3. _____

II Traduce las siguientes oraciones utilizando el verbo なります. Presta atención al orden de los elementos en las oraciones «(cláusula que indica la razón) から, (cláusula principal)».

1. Mi habitación quedó limpia porque la limpié esta mañana.

2. Me ha dado sueño porque anoche no dormí mucho.

3. Me he vuelto muy bueno hablando japonés, porque he practicado mucho.

4. Voy a ser profesor porque me gustan los niños.

第10課　6　どこかに / どこにも・〜で行きます　　　☞Gramática 6・7

I Traduce las siguientes oraciones al japonés.

1. Q：¿Vas a ir a alguna parte las próximas vacaciones?

   A：No, no voy a ninguna parte.

2. Q：¿Hiciste algo el fin de semana pasado?

   A：No, no hice nada.

3. Q：¿Conociste a alguien en la fiesta?

   A：No, no conocí a nadie.

II Completa la conversación según la siguiente imagen.

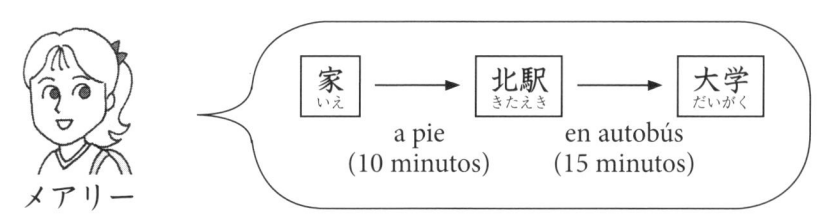

家（いえ）　⟶　北駅（きたえき）　⟶　大学（だいがく）
a pie　　　　en autobús
(10 minutos)　(15 minutos)

メアリー

ゆい：　　　　メアリーさんは、家から北駅までどうやって行きますか。

メアリー：　1._____。

ゆい：　　　　そうですか。2._____か。

メアリー：　十分かかります。

ゆい：　　　　北駅から大学まで3._____か。

メアリー：　バスで行きます。

ゆい：　　　　どのぐらいかかりますか。

メアリー：　そうですね、4._____。

第10課 7 答えましょう (Preguntas)

➤ Responde las siguientes preguntas en japonés.

1. 食べ物の中で何がいちばん好きですか。

2. 季節の中でいつがいちばん好きですか。どうしてですか。

3. 有名人の中でだれがいちばん好きですか。どうしてですか。

4. あなたと日本語の先生とどっちのほうが背が高いですか。

5. あなたはどうやって家から学校まで行きますか。どのぐらいかかりますか。

6. 今度の休みにどこかに行きますか。

7. 先週の週末、何かしましたか。

8. 先週の週末、だれかに会いましたか。

第10課 8 聞く練習 (Comprensión oral)
<small>き　れんしゅう</small>

A Mary y sus amigos están conversando sobre las próximas vacaciones de invierno. Escucha el diálogo y completa la tabla en japonés. 🔊 W10-A

	どこに 行きますか <small>い</small>	何をしますか <small>なに</small>	どのぐらい 行きますか <small>い</small>
メアリー			
ロバート			
たけし			
ソラ			

B Anita, que estudia en una escuela de japonés, quiere ir a la universidad en Japón. Está interesada en tres universidades (Hanaoka, Sakura y Tsushima). Escucha la conversación entre Anita y su profesor de japonés y responde las preguntas en japonés. 🔊 W10-B

*学費 (gastos de estudio)
<small>がくひ</small>

1. はなおか大学とさくら大学とつしま大学の中で、どれがいちばん大きいですか。
<small>だいがく　　　　だいがく　　　　だいがく　なか　　　　　　　　　　　　おお</small>

2. つしま大学の学費はいくらですか。
<small>だいがく　がくひ</small>

3. ここからさくら大学までどのぐらいかかりますか。どうやって行きますか。
<small>だいがく　　　　　　　　　　　　　　　　　　　　　　い</small>

4. どの大学の日本語のクラスがいちばんいいですか。
<small>だいがく　にほんご</small>

はなおか大学
<small>だいがく</small>

さくら大学
<small>だいがく</small>

つしま大学
<small>だいがく</small>

C Lee el diario de Yui. Escucha las preguntas y escribe tus respuestas en japonés. 🔊 W10-C

冬休みに友だちと東京へ行った。12月11日にバスで行った。
東京で買い物をした。それから、東京ディズニーランドに
行った。12月15日に帰った。とても楽しかった。

---

1. _____

2. _____

3. _____

4. _____

5. _____

第11課 1 〜たい　　　　　　　　　　　　　　　　　☛Gramática 1

I Elige de la siguiente lista dos cosas que quieras hacer, dos que no y escribe las oraciones.

山に登る <small>やま のぼ</small>	学校をやめる <small>がっこう</small>	うそをつく	ごろごろする	働く <small>はたら</small>
旅行する <small>りょこう</small>	ピアノを習う <small>なら</small>	外国に住む <small>がいこく す</small>	友だちとけんかする <small>とも</small>	

1. Lo que quieres hacer:　　　　　　2. Lo que no quieres hacer:

　(a)　　　　　　　　　　　　　　　　　(a)

　(b)　　　　　　　　　　　　　　　　　(b)

II Escribe si querías o no hacer las siguientes cosas.

(Ejemplo)　ir a la escuela

　　→　子供の時、学校に行きたかったです。／
　　　　<small>こ ど も　とき　がっこう　い</small>
　　　　子供の時、学校に行きたくなかったです。
　　　　<small>こ ど も　とき　がっこう　い</small>

1. tener un perro

　→

2. comer aperitivos

　→

3. montar en avión

　→

4. ser cantante

　→

5. jugar juegos

　→

第11課 2 〜たり〜たりする

☛Gramática 2

I Traduce las siguientes oraciones utilizando 〜たり〜たり. Presta atención al final de la oración.

1. El fin de semana vi una película, fui de compras, etc.

2. Mañana lavaré la ropa, estudiaré, etc.

3. Ayer quedé con un amigo, leí un libro, etc.

4. En casa practico el japonés, veo películas japonesas, etc.

5. Este fin de semana quiero escalar una montaña, ir a unas termas, etc.

6. En la residencia estudiantil (寮) no debes fumar, beber cerveza, etc.

II Responde las preguntas utilizando 〜たり〜たり. Presta atención al final de la oración.

1. デートの時、何をしますか。

2. 休みに何をしましたか。

3. 子供の時、よく何をしましたか。

4. 今度の週末、何がしたいですか。

第11課 3 ～ことがある   ☞Gramática 3

Ⅰ Elige de la siguiente lista tres cosas que hayas hecho, tres que no hayas hecho nunca y escribe las oraciones.

山に登る <small>やま のぼ</small>	英語を教える <small>えい ご おし</small>	地下鉄に乗る <small>ち か てつ の</small>	日本料理を作る <small>に ほんりょう り つく</small>	働く <small>はたら</small>
猫を飼う <small>ねこ か</small>	クラスで寝る <small>ね</small>	ピアノを習う <small>なら</small>	ダイエットをする	
温泉に入る <small>おんせん はい</small>	外国に住む <small>がいこく す</small>	先生に手紙を書く <small>せんせい て がみ か</small>	友だちとけんかする <small>とも</small>	

1. Lo que has hecho:

   (a)

   (b)

   (c)

2. Lo que no has hecho nunca:

   (a)

   (b)

   (c)

Ⅱ Haz preguntas y respuestas utilizando las pistas.

(Ejemplo) decir una mentira

→　Q：うそをついたことがありますか。

　　A：はい、あります。／いいえ、ありません。

1. faltar a clases (sin permiso)

   →　Q：

   　　A：

2. escalar el monte Fuji（富士山）
   <small>ふ じ さん</small>

   →　Q：

   　　A：

第11課　4　Sustantivo A や Sustantivo B

☞Gramática 4

▶ Responde las preguntas con 〜や〜.

1. 大学の近くに何がありますか。
   だいがく　ちか　　なに

2. 今、十万円あります。何が買いたいですか。
   いま　じゅうまんえん　　　なに　か

3. 誕生日に何をもらいましたか。
   たんじょうび　なに

4. 休みの日に、よくどこに行きますか。
   やす　ひ　　　　　　　　い

5. 有名人の中で、だれに会いたいですか。
   ゆうめいじん　なか　　　　　あ

6. どんな日本料理を食べたことがありますか。
   にほんりょうり　た

7. カラオケでどんな歌を歌いますか。
   うた　うた

第11課　5　答えましょう (Preguntas)

I Responde en japonés las siguientes preguntas sobre tu viaje.

1. どこに行きましたか。

2. そこで何をしましたか。(Utiliza 〜たり〜たり.)

3. 食べ物はどうでしたか。何を食べましたか。(Utiliza や.)

4. どんな所でしたか。(Utiliza 〜て／〜で.)

5. また行きたいですか。どうしてですか。

II Responde las siguientes preguntas en japonés.

1. 子供の時、何になりたかったですか。

2. 今は何になりたいですか。どうしてですか。

3. 猫や犬を飼ったことがありますか。

第11課　6　聞く練習 (Comprensión oral)

A Ryota, Kana y Ken están conversando sobre sus vacaciones. ¿Qué hicieron? ¿Qué piensan hacer en las próximas vacaciones? Elige las respuestas de la lista. 🔊 W11-A

＊ビーチ (playa)

a. esquiar　　b. acampar　　c. conducir　　d. no hacer nada	
e. ir de compras　　f. juntarse con amigos　　g. dar un paseo por la playa	
h. trabajar a tiempo parcial　　i. escalar montañas　　j. tomar un baño de spa	

　　　　　　　　　　1. últimas vacaciones　　　　　2. próximas vacaciones

りょうた… 　(　　)(　　)　　　　　　(　　)

かな……… 　(　　)(　　)(　　)　　　(　　)

けん……… 　(　　)　　　　　　　　(　　)(　　)

B Escucha los dos diálogos cortos y elige la(s) respuesta(s) más adecuada(s). 🔊 W11-B

＊パンダ (panda)

Diálogo 1.　Van a comer [a. pizza　　b. sushi　　c. pasta (パスタ)].

Diálogo 2.　¿Adónde van a ir en Tokio?

　　　　Hoy:　　[a. de compras　　b. museo de arte　　c. Kabuki　　d. zoológico]

　　　　Mañana:　[a. de compras　　b. museo de arte　　c. Kabuki　　d. zoológico]

C Escucha el diálogo y completa los espacios en blanco. 🔊 W11-C

1. メアリーさんは、今、＿＿＿＿＿＿＿＿＿＿＿＿＿＿＿＿と言っていました。

2. トムさんは、子供の時、＿＿＿＿＿＿＿＿＿＿＿＿＿＿と言っていました。

3. 先生は、子供の時、＿＿＿＿＿＿＿＿＿＿＿＿＿＿＿と言っていました。

第12課　1　〜んです　　　　　　　　　　　☛Gramática 1

Ⅰ Responde la pregunta utilizando 〜んです según las pistas.

Q：どうしたんですか。

1. A：＿＿＿＿＿＿＿＿＿＿＿＿＿＿＿＿＿＿＿＿＿＿＿＿＿＿。
　　　　　　　　　　(tengo dolor de estómago)

2. A：＿＿＿＿＿＿＿＿＿＿＿＿＿＿＿＿＿＿＿＿＿＿＿＿＿＿。
　　　　　　　　　　(rompí con mi novia)

3. A：＿＿＿＿＿＿＿＿＿＿＿＿＿＿＿＿＿＿＿＿＿＿＿＿＿＿。
　　　　　　　　　　(me resfrié)

4. A：＿＿＿＿＿＿＿＿＿＿＿＿＿＿＿＿＿＿＿＿＿＿＿＿＿＿。
　　　　　　　　　　(tengo resaca)

5. A：＿＿＿＿＿＿＿＿＿＿＿＿＿＿＿＿＿＿＿＿＿＿＿＿＿＿。
　　　　　　　　　　(perdí mi billete de tren)

6. A：＿＿＿＿＿＿＿＿＿＿＿＿＿＿＿＿＿＿＿＿＿＿＿＿＿＿。
　　　　　　　　　　(me saqué una mala nota)

Ⅱ Inventa las razones y responde las preguntas con 〜んです。

1. Q：どうしてアルバイトをしているんですか。

　　A：＿＿＿＿＿＿＿＿＿＿＿＿＿＿＿＿＿＿＿＿＿＿＿＿＿＿＿＿＿＿＿。

2. Q：どうしてきのう授業をサボったんですか。
　　　　　　　　じゅぎょう

　　A：＿＿＿＿＿＿＿＿＿＿＿＿＿＿＿＿＿＿＿＿＿＿＿＿＿＿＿＿＿＿＿。

3. Q：どうして疲れているんですか。
　　　　　　　つか

　　A：＿＿＿＿＿＿＿＿＿＿＿＿＿＿＿＿＿＿＿＿＿＿＿＿＿＿＿＿＿＿＿。

4. Q：どうして緊張しているんですか。
　　　　　　　きんちょう

　　A：＿＿＿＿＿＿＿＿＿＿＿＿＿＿＿＿＿＿＿＿＿＿＿＿＿＿＿＿＿＿＿。

第12課　2　～すぎる

☛Gramática 2

Ⅰ Completa las oraciones según las pistas dadas.

1. このお菓子は＿＿＿＿＿＿＿＿＿＿＿＿＿＿＿＿＿＿＿＿＿＿＿＿＿＿。
　　　　　　　　　(demasiado dulce)

2. あの授業は＿＿＿＿＿＿＿＿＿＿＿＿＿＿＿＿＿＿＿＿＿＿＿＿。
　　　　　　　　　(demasiado difícil)

3. 今日は＿＿＿＿＿＿＿＿＿＿＿＿＿＿＿＿から、学校に行きたくないです。
　　　　　　(demasiado frío)

4. 父は＿＿＿＿＿＿＿＿＿＿＿＿＿＿＿＿＿＿＿＿＿＿＿＿＿＿。
　　　　　　　　　(trabaja demasiado)

5. ＿＿＿＿＿＿＿＿＿＿＿＿＿＿＿＿＿＿＿＿＿＿＿＿＿＿＿＿＿＿。
　　　　　(Suelo jugar demasiado a los juegos)

6. ＿＿＿＿＿＿＿＿＿＿＿＿＿＿＿＿＿＿＿＿から、頭が痛くなりました。
　　　　　　(estaba demasiado nervioso)

7. ＿＿＿＿＿＿＿＿＿＿＿＿＿＿＿＿＿＿＿＿から、のどが痛くなりました。
　　　　　　(canté demasiadas canciones)

8. 週末＿＿＿＿＿＿＿＿＿＿＿＿＿＿＿＿＿＿から、今日は勉強します。
　　　　　　　　(salí demasiado)

Ⅱ Quéjate de algo o de alguien utilizando ～すぎる.

Ejemplos de temas:　vida / clase de japonés / comida en la cafetería / tu habitación /

amistades / padre / madre / profesor

1.

2.

第12課　3　〜ほうがいいです　　　　　　　　　　　　　　☛Gramática 3

Ⅰ Traduce las siguientes oraciones.

1. Será mejor que vayas a un hospital.

2. Será mejor que aprendas kanji.

3. Será mejor que llames más a tu madre.

4. Será mejor que no te preocupes.

5. Será mejor que no comas demasiado.

Ⅱ Da consejos utilizando 〜ほうがいいですよ.

1. Tu amigo： あした試験があるんです。
　　　　　　　　　　しけん

　　Tú： ＿＿＿＿＿＿＿＿＿＿＿＿＿＿＿＿＿＿＿＿＿＿＿＿＿＿＿＿＿＿＿＿＿＿。

2. Tu amigo： おなかがすいたんです。

　　Tú： ＿＿＿＿＿＿＿＿＿＿＿＿＿＿＿＿＿＿＿＿＿＿＿＿＿＿＿＿＿＿＿＿＿＿。

3. Tu amigo： かぜをひいたんです。

　　Tú： ＿＿＿＿＿＿＿＿＿＿＿＿＿＿＿＿＿＿＿＿＿＿＿＿＿＿＿＿＿＿＿＿＿＿。

第12課　4　〜ので

☛Gramática 4

I Traduce las siguientes oraciones utilizando 〜ので. Obsérvese que [la razón ＋ので] antecede al resultado.

1. Saqué una mala nota porque no estudié.

2. No tengo dinero porque he pagado la cuenta de la luz.

3. Vine a Japón porque quería estudiar japonés.

4. No quiero hacer nada porque tengo resaca.

5. Leo el periódico todos los días porque me interesa la política.

6. No iré a la fiesta mañana porque me resfrié.

II Responde las preguntas utilizando 〜ので.

[Ejemplo]　Q：週末、何をするつもりですか。
　　　　　　A：何も用事がないので、うちでごろごろするつもりです。

1. Q：歌手の中でだれが好きですか。

　　A：_____

2. Q：今どこにいちばん行きたいですか。

　　A：_____

3. Q：将来、どこに住みたいですか。

　　A：_____

第12課　5　〜なければいけません / 〜なきゃいけません　☛Gramática 5

Ⅰ Lee la primera mitad de las oraciones. Después, elige lo que tienes que hacer de la lista y completa las oraciones utilizando 〜なければいけません / 〜なきゃいけません. Puedes utilizar las mismas palabras *solo* una vez.

> dejar el trabajo a tiempo parcial　　comprar el libro de texto
>
> lavar la ropa　　practicar　　levantarme temprano

1. あしたは九時から授業があるので、＿＿＿＿＿＿＿＿＿＿＿＿＿＿＿＿＿＿＿＿。

2. 新しい授業が始まるので、＿＿＿＿＿＿＿＿＿＿＿＿＿＿＿＿＿＿＿＿＿＿＿。

3. 来週サッカーの試合があるので、＿＿＿＿＿＿＿＿＿＿＿＿＿＿＿＿＿＿＿。

4. お母さんが病気なので、＿＿＿＿＿＿＿＿＿＿＿＿＿＿＿＿＿＿＿＿＿＿＿＿。

5. 勉強が忙しくなったので、＿＿＿＿＿＿＿＿＿＿＿＿＿＿＿＿＿＿＿＿＿＿。

Ⅱ Escribe dos cosas que tienes que hacer esta semana y dos que tenías que hacer ayer.

1. Esta semana:

    (a)

    (b)

2. Ayer:

    (a)

    (b)

第12課　6　〜でしょうか　　　　　　　　　　　☛Gramática 6

▶ Vives en una residencia estudiantil y vas a tener un nuevo compañero de cuarto. Pregunta al coordinador cómo es esa persona utilizando 〜でしょうか.

1. ¿Es japonés/a?

2. ¿Cuál es su especialidad?

3. ¿Es una persona tranquila?

4. ¿Qué tipo de música le gusta?

5. ¿Fuma?

6. ¿Tiene muchos amigos?

7. (tu propia pregunta)

8. (tu propia pregunta)

第12課　7　答えましょう (Preguntas)

➤ Responde las siguientes preguntas en japonés.

1. アレルギーがありますか。何のアレルギーですか。

2. よく何をしすぎますか。

3. 今、何に興味がありますか。

4. 日本語のクラスは宿題が多いと思いますか。

5. 悪い成績を取ったことがありますか。

6. かぜの時、何をしないほうがいいですか。

7. 今週の週末、何をしなければいけませんか。

第12課　8　聞く練習 (Comprensión oral)

A Escucha los tres diálogos en la clínica. Marca con ◯ los síntomas que tiene cada paciente y escribe en japonés la sugerencia del médico. 🔊 W12-A

＊さしみ (pescado crudo)　ねつをはかる (tomarse la temperatura)

Paciente	dolor de garganta	dolor de cabeza	dolor de estómago	tos	fiebre	sugerencia del médico
1						
2						
3						

B Dos compañeros están conversando en la oficina. Escucha el diálogo y responde en japonés las siguientes preguntas. 🔊 W12-B

1. 男の人は今晩飲みに行きますか。どうしてですか。

2. 男の人はもうプレゼントを買いましたか。

C Un alumno estudiará en Japón. Escucha la conversación en el despacho del asesor de estudios en el extranjero. Marca cada una de las siguientes afirmaciones con ◯ si es verdadera o con ✕ si es falsa. 🔊 W12-C　　　　＊寮 (residencia estudiantil)

1. (　　　) El estudiante quiere un compañero de cuarto japonés.

2. (　　　) Se tarda 30 minutos en bicicleta desde la residencia hasta la universidad.

3. (　　　) Hay baño en cada habitación.

読み書き編
<ruby>読<rt>よ</rt></ruby>み<ruby>書<rt>か</rt></ruby>き<ruby>編<rt>へん</rt></ruby>

Lectura y escritura

第1課 だいいっか 1 *Hiragana* (あ − こ)

I Practica la escritura de los siguientes diez *hiragana* (de あ a こ).

a	あ	ー、す／あ	あ	あ	あ					
i	い	い、い	い	い	い					
u	う	`、う	う	う	う					
e	え	`、え	え	え	え					
o	お	ー、お／お、わ	お	お	お					
ka	か	つ、カ／か	か	か	か					
ki	き	ー、二／キ、き	き	き	き					
ku	く	く	く	く	く					
ke	け	し、に／け	け	け	け					
ko	こ	ー、こ	こ	こ	こ					

II Elige la romanización correcta para cada una de las palabras en *hiragana* que aparecen a continuación.

1. こい (   )
   (carpa)
3. おか (   )
   (colina)
5. いけ (   )
   (estanque)

2. うえ (   )
   (sobre; encima)
4. あき (   )
   (otoño)
6. かく (   )
   (escribir)

a. *kaku*	d. *ike*
b. *aki*	e. *koi*
c. *ue*	f. *oka*

III Escribe las siguientes palabras en *hiragana*.

1. *au*
   (conocer; encontrar)
3. *ai*
   (amor)
5. *koe*
   (voz)

2. *ie*
   (casa)
4. *kao*
   (cara)
6. *kiku*
   (escuchar)

第1課 だい いっ か 2 *Hiragana* (さ – と)

I Practica la escritura de los siguientes diez *hiragana* (de さ a と).

sa さ	一 さ / さ	さ	さ	さ					
shi し	し	し	し	し					
su す	一 す	す	す	す					
se せ	一 せ / サ	せ	せ	せ					
so そ	そ	そ	そ	そ					
ta た	一 た / ナ た	た	た	た					
chi ち	一 ち	ち	ち	ち					
tsu つ	つ	つ	つ	つ					
te て	て	て	て	て					
to と	丶 と	と	と	と					

II Elige la romanización correcta para cada una de las palabras en *hiragana* que aparecen a continuación.

1. あさ (　) (en la mañana)　　3. かたて (　) (una mano)　　5. きせつ (　) (estación)

2. とち (　) (tierra)　　4. すし (　) (sushi)　　6. そと (　) (afuera)

a. *kisetsu*　d. *tochi*
b. *soto*　e. *sushi*
c. *katate*　f. *asa*

III Escribe las siguientes palabras en *hiragana*.

1. *tasuke* (ayuda)　　3. *sekai* (mundo)　　5. *toshi* (edad)

2. *chikatetsu* (metro)　　4. *kasa* (paraguas)　　6. *asoko* (allí)

第1課 3 *Hiragana* (な – ほ)

I Practica la escritura de los siguientes diez *hiragana* (de な a ほ).

na	な	ー	ナ	な	な	な			
		ナ	な						
ni	に	し	に	に	に	に			
		に							
nu	ぬ	し	ぬ	ぬ	ぬ	ぬ			
ne	ね	し	ね	ね	ね	ね			
no	の	の		の	の	の			
ha	は	し	に	は	は	は			
		は							
hi	ひ	ひ		ひ	ひ	ひ			
fu	ふ	、	ら	ふ	ふ	ふ			
		ふ	ふ						
he	へ	へ		へ	へ	へ			
ho	ほ	し	に	ほ	ほ	ほ			
		に	ほ						

II Elige la romanización correcta para cada una de las palabras en *hiragana* que aparecen a continuación.

1. ひふ (   )
(piel)

3. ほね (   )
(hueso)

5. このは (   )
(hoja)

2. なにか (   )
(algo)

4. しぬ (   )
(morir)

6. へた (   )
(torpe)

a. *shinu*	d. *hifu*
b. *hone*	e. *heta*
c. *nanika*	f. *konoha*

III Escribe las siguientes palabras en *hiragana*.

1. *fune*
(barco)

3. *hana*
(flor)

5. *nuno*
(tela)

2. *hoshi*
(estrella)

4. *heso*
(ombligo)

6. *hiniku*
(sarcasmo)

第1課 だい いっ か 4 *Hiragana* (ま‐よ)

I Practica la escritura de los siguientes ocho *hiragana* (de ま a よ).

ma	ま	一 / ま	二	ま	ま	ま				
mi	み	み	み	み	み	み				
mu	む	一 / む	む	む	む	む				
me	め	丶	め	め	め	め				
mo	も	し / も	も	も	も	も				
ya	や	つ / や	ゃ	や	や	や				
yu	ゆ	ロ	ゆ	ゆ	ゆ	ゆ				
yo	よ	ー	よ	よ	よ	よ				

II Elige la romanización correcta para cada una de las palabras en *hiragana* que aparecen a continuación.

1. まち（ 　 ）
   (ciudad)

2. みせ（ 　 ）
   (tienda)

3. むね（ 　 ）
   (pecho)

4. ゆめ（ 　 ）
   (sueño)

5. もや（ 　 ）
   (niebla)

6. よむ（ 　 ）
   (leer)

a. *mune*	d. *yomu*
b. *mise*	e. *yume*
c. *moya*	f. *machi*

III Escribe las siguientes palabras en *hiragana*.

1. *mochi*
   (pastel de arroz)

2. *matsu*
   (esperar)

3. *kami*
   (papel; pelo)

4. *oyu*
   (agua caliente)

5. *musume*
   (hija)

6. *yoyaku*
   (reserva)

第1課　5　*Hiragana* (ら–ん)

だい いっ か

I Practica la escritura de los siguientes ocho *hiragana* (de らａん).

ra ら	ゝ	ら	ら	ら	ら				
ri り	ー	り	り	り	り				
ru る	る		る	る	る				
re れ	ー	れ	れ	れ	れ				
ro ろ	ろ		ろ	ろ	ろ				
wa わ	ー	わ	わ	わ	わ				
o (*wo*) を	ー / を	ち	を	を	を				
n ん	ん		ん	ん	ん				

II Elige la romanización correcta para cada una de las palabras en *hiragana* que aparecen a continuación.

1. わらう（　　）
   (risa)

2. よる（　　）
   (noche)

3. きいろ（　　）
   (amarillo)

4. はれ（　　）
   (soleado)

5. きをつけて（　　）
   (¡Cuidado!)

6. しんり（　　）
   (psicología)

a. *yoru*	e. *warau*
b. *shinri*	f. *kiiro*
c. *hare*	
d. *ki o/wo tsukete*	

III Escribe las siguientes palabras en *hiragana*.

1. *wakaru*
   (entender)

2. *rekishi*
   (historia)

3. *me o(=wo) samasu*
   (despertar)

4. *riron*
   (teoría)

5. *rainen*
   (próximo año)

6. *han ei*
   (prosperidad)

第1課 6 *Hiragana* (puntos/círculos/ や, ゆ y よ pequeños)
だいいっか

I Escucha la grabación y elige la palabra correcta en *hiragana*. 🔊 WY-1

1. [a. かき
     b. かぎ

2. [a. ぶんか
     b. ふんか

3. [a. にんしん
     b. にんじん

4. [a. けんぽう
     b. けんぼう

II Escucha atentamente la grabación y rellena las casillas con *hiragana*. 🔊 WY-2

1.

2.

3.

4.

5.

6.

III Escucha la grabación y elige la palabra correcta en *hiragana*. 🔊 WY-3

1. [a. しょみ
     b. しゅみ

2. [a. じんじゃ
     b. じんじょ

3. [a. りよかん
     b. りょかん

4. [a. きやく
     b. きゃく

IV Escucha la grabación y rellena las casillas con *hiragana*. 🔊 WY-4

1.

2.

3.

4.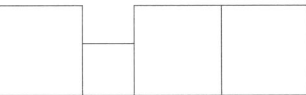

5.

6.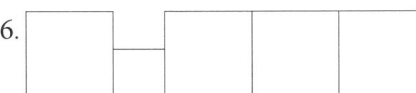

第1課　7　*Hiragana* (consonantes dobles/vocales largas)
だい いっ か

Ⅰ Escucha la grabación y elige la palabra correcta en *hiragana*. 🔊 WY-5

1. ⌈ a. さか
   ⌊ b. さっか

2. ⌈ a. いっさい
   ⌊ b. いさい

3. ⌈ a. あない
   ⌊ b. あんない

4. ⌈ a. ざっし
   ⌊ b. ざし

Ⅱ Escucha atentamente la grabación y rellena las casillas con *hiragana*. 🔊 WY-6

1.

4.

2.

5.

3.

6.

Ⅲ Escucha la grabación y elige la palabra correcta en *hiragana*. 🔊 WY-7

1. ⌈ a. おじさん
   ⌊ b. おじいさん

2. ⌈ a. さよなら
   ⌊ b. さようなら

3. ⌈ a. えいが
   ⌊ b. えが

4. ⌈ a. くうき
   ⌊ b. くき

Ⅳ Escucha la grabación y rellena las casillas con *hiragana*. 🔊 WY-8

1.

4.

2.

5.

3.

6.

第2課 1 *Katakana* (ア – コ)
だいにか

I Practica la escritura de los siguientes diez *katakana* (de ア a コ).

a	ア	⸍ ア	ア	ア	ア				
i	イ	ノ イ	イ	イ	イ				
u	ウ	′ ′ ウ	ウ	ウ	ウ				
e	エ	一 エ / ェ	エ	エ	エ				
o	オ	一 オ / ナ	オ	オ	オ				
ka	カ	フ カ	カ	カ	カ				
ki	キ	一 キ / ニ	キ	キ	キ				
ku	ク	′ ク	ク	ク	ク				
ke	ケ	ノ ケ / ヒ	ケ	ケ	ケ				
ko	コ	フ コ	コ	コ	コ				

II Escribe las siguientes palabras en *katakana*. Ten en cuenta que provienen de aquellas en inglés indicadas entre paréntesis ( ).

A diferencia del sistema de escritura *hiragana*, las vocales largas en las palabras *katakana* se transcriben con una barra. Por ejemplo: リ ー (り い en *hiragana*), カ ー (か あ en *hiragana*).

1. おーけー
(okay) [ok]

2. けーき
(cake) [pastel]

3. うえあ
(wear) [usar]

4. こーく
(Coke) [Coca-Cola]

5. きうい
(kiwifruit) [kiwi]

6. ここあ
(cocoa) [cacao]

第2課 2 *Katakana* (サ–ト)
だい に か

I Practica la escritura de los siguientes diez *katakana* (de サ a ト).

sa	サ	一／サ	＋／サ	サ	サ	サ			
shi	シ	丶／シ	‥／シ	シ	シ	シ			
su	ス	フ／ス	ス	ス	ス	ス			
se	セ	一／セ	セ	セ	セ	セ			
so	ソ	丶／ソ	ソ	ソ	ソ	ソ			
ta	タ	ノ／タ	ク／タ	タ	タ	タ			
chi	チ	／チ	二／チ	チ	チ	チ			
tsu	ツ	丶／ツ	‥／ツ	ツ	ツ	ツ			
te	テ	一／テ	二／テ	テ	テ	テ			
to	ト	｜／ト	ト	ト	ト	ト			

II Escribe las siguientes palabras en *katakana*. Ten en cuenta que provienen de aquellas en inglés indicadas entre paréntesis ( ).

1. しーざー
   (Caesar) [César]

2. すーつ
   (suit) [traje]

3. せっと
   (set)

4. そっくす
   (socks) [calcetines]

5. たこす
   (tacos)

6. ちーず
   (cheese) [queso]

7. たい
   (Thailand) [Tailandia]

8. でっき
   (deck) [cubierta; terraza]

第2課 だいにか ③ *Katakana* (ナ – ホ)

Ⅰ Practica la escritura de los siguientes diez *katakana* (de ナ a ホ).

na	ナ	一 ナ	ナ	ナ	ナ						
ni	ニ	一 ニ	ニ	ニ	ニ						
nu	ヌ	フ ヌ	ヌ	ヌ	ヌ						
ne	ネ	`丶 ` `ネ` / `ラ` `ネ`	ネ	ネ	ネ						
no	ノ	ノ	ノ	ノ	ノ						
ha	ハ	ノ ハ	ハ	ハ	ハ						
hi	ヒ	一 ヒ	ヒ	ヒ	ヒ						
fu	フ	フ	フ	フ	フ						
he	ヘ	ヘ	ヘ	ヘ	ヘ						
ho	ホ	一 ナ / ナ ホ	ホ	ホ	ホ						

Ⅱ Escribe las siguientes palabras en *katakana*. Ten en cuenta que provienen de aquellas en inglés indicadas entre paréntesis ( ).

1. ぼさのば
(bossa nova)

2. かぬー
(canoe) [canoa]

3. はーぶ
(herb) [hierba]

4. びきに
(bikini)

5. なっつ
(nuts) [nueces]

6. ぺっと
(pet) [mascota]

7. こね
(connection) [conexión]

8. はっぴー
(happy) [feliz]

9. ねくたい
(necktie) [corbata]

10. のーと
(notebook) [cuaderno]

第2課 だいにか 4 *Katakana* (マ – ヨ)

Ⅰ Practica la escritura de los ocho *katakana* siguientes (de マ a ヨ).

マ ma	フ / マ	マ マ マ								
ミ mi	` / ミ / ミ	ミ ミ ミ								
ム mu	ユ / ム	ム ム ム								
メ me	ノ / メ	メ メ メ								
モ mo	一 / 二 / モ	モ モ モ								
ヤ ya	一 / ヤ	ヤ ヤ ヤ								
ユ yu	フ / ユ	ユ ユ ユ								
ヨ yo	フ / ヲ / ヨ	ヨ ヨ ヨ								

Ⅱ Escribe las siguientes palabras en *katakana*. Ten en cuenta que provienen de aquellas en inglés indicadas entre paréntesis ( ).

1. めも
(memo) [nota]

2. むーど
(mood) [ánimo]

3. みに
(mini)

4. まや
(Maya)

5. よっと
(yacht) [yate]

6. ゆーざー
(user) [usuario]

7. きゃっぷ
(cap) [gorra]

8. しちゅー
(stew) [estofado]

9. しょっく
(shock)

10. はーもにか
(harmonica) [armónica]

第2課　5　*Katakana* (ラ－ン)
だい に か

I Practica la escritura de los ocho *katakana* siguientes (de ラ a ン).

ra	ラ	ー ラ	ラ	ラ	ラ			
ri	リ	' リ	リ	リ	リ			
ru	ル	' ル	ル	ル	ル			
re	レ	レ	レ	レ	レ			
ro	ロ	' ロ / ロ	ロ	ロ	ロ			
wa	ワ	' ワ	ワ	ワ	ワ			
o (wo)	ヲ	ー ニ / ヲ	ヲ	ヲ	ヲ			
n	ン	ヽ ン	ン	ン	ン			

II Escribe las siguientes palabras en *katakana*. Ten en cuenta que provienen de aquellas en inglés indicadas entre paréntesis ( ).

El *katakana* エ pequeño se utiliza con シ ャ チ para transcribir los sonidos «she» y «che»: シェパード (*shepherd*) y チェック (*check*), por ejemplo.

1. よーろっぱ
(Europe) [Europa]

2. わっくす
(wax) [cera]

3. るーれっと
(roulette) [ruleta]

4. あふりか
(Africa) [África]

5. らーめん
(ramen noodles) [fideos ramen]

6. しぇーくすぴあ
(Shakespeare)

7. ちぇっくいん
(check-in) [facturación]

8. よーぐると
(yogurt) [yogur]

第3課　1　Práctica de kanji

一	一	一	一					
二	二	二	二					
三	三	三	三					
四	四	四	四					
五	五	五	五					
六	六	六	六					
七	七	七	七					
八	八	八	八					
九	九	九	九					
十	十	十	十					
百	百	百	百					
千	千	千	千					
万	万	万	万					
円	円	円	円					
時	時	時	時					

第3課　2　Uso de kanji

I Escribe los números en kanji.

1. 41

2. 300

3. 1500

4. 2890

5. 10 000

6. 67 000

7. 128 000

8. 1 000 000

II Escribe en kanji.

1. Ａ：これはいくらですか。　　Ｂ：＿＿＿＿＿＿＿です。
   　　　　　　　　　　　　　　　　　ろっぴゃくえん

2. Ａ：いまなん＿＿＿＿ですか。　Ｂ：＿＿＿＿＿＿です。
   　　　　　　　　じ　　　　　　　　　　　よじ

III Utilizando los kanji que te sabes, traduce las oraciones al japonés.

1. Este reloj cuesta 49 000 yenes.

2. Esa bolsa cuesta 5300 yenes.

3. La Sra. Yamanaka se levanta a las seis.

4. La Sra. Kawaguchi va a la universidad a las siete.

5. El Sr. Suzuki suele acostarse sobre las doce.

6. A veces tomo café en una cafetería. El café cuesta 380 yenes.

第4課　1　Práctica de kanji

016	日	日	日	日					
017	本	本	本	本					
018	人	人	人	人					
019	月	月	月	月					
020	火	火	火	火					
021	水	水	水	水					
022	木	木	木	木					
023	金	金	金	金					
024	土	土	土	土					
025	曜	曜	曜	曜					
026	上	上	上	上					
027	下	下	下	下					
028	中	中	中	中					
029	半	半	半	半					

第4課　2　Uso de kanji

I Escribe los kanji y sus lecturas para las siguientes palabras como se muestra en el ejemplo.

Ejemplo　Domingo　　　日 曜 日
　　　　　　　　　（　にちようび　）

1. Lunes　　　＿＿＿＿＿＿＿　　4. Jueves　　　　＿＿＿＿＿＿＿
　　　　　　（　　　　　　　）　　　　　　　　　（　　　　　　　）

2. Martes　　＿＿＿＿＿＿＿　　5. Viernes　　　＿＿＿＿＿＿＿
　　　　　　（　　　　　　　）　　　　　　　　　（　　　　　　　）

3. Miércoles　＿＿＿＿＿＿＿　　6. Sábado　　　＿＿＿＿＿＿＿
　　　　　　（　　　　　　　）　　　　　　　　　（　　　　　　　）

II Escribe en kanji.

1. ＿＿＿＿＿ごの＿＿＿はかばんの＿＿＿です。　　2. ＿＿＿をのみます。
　　にほん　　　　ほん　　　　　　なか　　　　　　　　　　みず

3. いま、＿＿＿＿＿＿＿＿です。　4. あの＿＿＿はだれですか。
　　　　　ろくじはん　　　　　　　　　　ひと

5. エレベーター (ascensor) は＿＿＿にいきますか。＿＿＿にいきますか。
　　　　　　　　　　　　　　うえ　　　　　　　　　　した

6. わたしのともだちは＿＿＿＿＿＿＿＿です。
　　　　　　　　　　　にほんじん

III Utilizando los kanji que te sabes, traduce las oraciones al japonés.

1. El viernes fui a un restaurante con un amigo japonés.

2. El sábado me levanté sobre las diez y media.

3. Fui solo a un templo en enero.

第5課　1　Práctica de kanji

030 山	山	山	山					
031 川	川	川	川					
032 元	元	元	元					
033 気	気	気	気					
034 天	天	天	天					
035 私	私	私	私					
036 今	今	今	今					
037 田	田	田	田					
038 女	女	女	女					
039 男	男	男	男					
040 見	見	見	見					
041 行	行	行	行					
042 食	食	食	食					
043 飲	飲	飲	飲					

第5課　2　Uso de kanji

I Escribe las combinaciones adecuadas de kanji y *hiragana*.

1. _____ですか。
　　げんき

2. _____はいい_____ですね。
　　きょう　　　　　　てんき

3. あの_____の_____は_____さんです。
　　　　おとこ　　ひと　　やまかわ

4. あの_____の_____は_____さんです。
　　　　おんな　　ひと　　やまだ

5. _____はきのう_____に_____。
　　わたし　　　　　かわ　　　　いきました

6. ピザを_____。コーヒーを_____。
　　　　たべました　　　　　　　　　　　　　　のみました

7. うちでテレビを_____。
　　　　　　みました

II Utilizando los kanji que te sabes, traduce las oraciones al japonés.

1. Ahora estoy en Japón.

2. La Srta. Tanaka está bien. El Sr. Yamakawa no está bien.

3. Fui a la montaña con un hombre y una mujer japoneses.

4. El martes tomé café con un amigo.

5. El miércoles cené en casa. Y luego vi la televisión.

第6課　1　Práctica de kanji

044	東	東	東	東					
045	西	西	西	西					
046	南	南	南	南					
047	北	北	北	北					
048	口	口	口	口					
049	出	出	出	出					
050	右	右	右	右					
051	左	左	左	左					
052	分	分	分	分					
053	先	先	先	先					
054	生	生	生	生					
055	大	大	大	大					
056	学	学	学	学					
057	外	外	外	外					
058	国	国	国	国					

第6課 2 Uso de kanji

I Escribe las combinaciones adecuadas de kanji y *hiragana*.

1. ＿＿＿＿ ＿＿＿＿ ＿＿＿＿ ＿＿＿＿

　ひがし　　にし　　みなみ　　きた

2. きのう＿＿＿＿＿＿＿＿＿＿＿＿。

　　　　　でかけました

3. ＿＿＿＿＿を＿＿＿＿、＿＿＿へ＿＿＿＿行ってください。

　みなみぐち　　でて　　　みぎ　　ごふん

4. ＿＿＿＿＿を＿＿＿＿、＿＿＿へ＿＿＿＿行ってください。

　にしぐち　　　でて　　　ひだり　じゅっぷん

5. チョウさんは＿＿＿＿＿＿です。＿＿＿＿からきました。

　　　　　　　だいがくせい　　　　ちゅうごく

6. ＿＿＿＿＿はよく＿＿＿＿と＿＿＿＿に行きます。

　せんせい　　　　がくせい　　がいこく

II Utilizando los kanji que te sabes, traduce las oraciones al japonés.

1. Hay muchos profesores extranjeros en mi universidad.

2. La universidad está a la izquierda de un banco.

3. Salga por la salida este y vaya a la derecha.

4. ¿Dónde está la salida?

5. Esperé veinte minutos en la salida norte.

第7課　1　Práctica de kanji

No.									
059	京	京	京	京					
060	子	子	子	子					
061	小	小	小	小					
062	会	会	会	会					
063	社	社	社	社					
064	父	父	父	父					
065	母	母	母	母					
066	高	高	高	高					
067	校	校	校	校					
068	毎	毎	毎	毎					
069	語	語	語	語					
070	文	文	文	文					
071	帰	帰	帰	帰					
072	入	入	入	入					

第7課 2 Uso de kanji

I Escribe las combinaciones adecuadas de kanji y *hiragana*.

1. _____で_____さんの_____に_____。
   とうきょう　　きょうこ　　　　　　おとうさん　　　　　　あいました

2. _____と_____は_____、_____に行きます。
   ちち　　はは　　まいにち　　　かいしゃ

3. _____は八時に_____に行って、五時に家に_____。
   こども　　　　　　　がっこう　　　　　　　　いえ　　かえりました

4. このケーキは_____、_____です。
   ちいさくて　　　　　　　たかい

5. サークルに_____います。
   はいって

6. _____で_____と_____を勉強しました。
   こうこう　　　　にほんご　　　　ぶんがく　　べんきょう

II Utilizando los kanji que te sabes, traduce las oraciones al japonés.

1. La hermana menor de Kyoko es estudiante de secundaria.

2. La madre de Kyoko trabaja en una empresa pequeña.

3. Mi padre llega tarde a casa todos los días.

4. Estoy estudiando japonés y literatura.

5. La Sra. Minami habla un poco de inglés.

第8課 1 Práctica de kanji

073	員	員	員	員						
074	新	新	新	新						
075	聞	聞	聞	聞						
076	作	作	作	作						
077	仕	仕	仕	仕						
078	事	事	事	事						
079	電	電	電	電						
080	車	車	車	車						
081	休	休	休	休						
082	言	言	言	言						
083	読	読	読	読						
084	思	思	思	思						
085	次	次	次	次						
086	何	何	何	何						

第8課　2　Uso de kanji

I Escribe las combinaciones adecuadas de kanji y *hiragana*.

1. 川口さんは＿＿＿＿＿＿＿＿＿だと＿＿＿＿＿＿＿＿＿。
   かわぐち　　　　かいしゃいん　　　　　　おもいます

2. 友だちは＿＿＿＿＿を＿＿＿＿＿と＿＿＿＿＿＿＿いました。
   とも　　　　しごと　　　やすむ　　　　いって

3. ＿＿＿＿＿を＿＿＿＿＿＿＿。
   しんぶん　　　よみます

4. ＿＿＿＿＿＿＿＿＿ ＿＿＿＿＿を買いました。
   あたらしい　　　　　くるま　　　　か

5. ＿＿＿の＿＿＿＿＿は＿＿＿＿＿ですか。
   つぎ　　でんしゃ　　なんじ

6. ＿＿＿＿＿の日にピザを＿＿＿＿＿＿＿＿＿。
   やすみ　　　　　　　　つくりました

II Utilizando los kanji que te sabes, traduce las oraciones al japonés.

1. Escucho música en el tren.

2. Por favor, encienda la luz.

3. Creo que los empleados de las empresas en Japón están ocupados.

4. ¿Qué haces en vacaciones?

5. Mi madre dijo que iría a Tokio la próxima semana.

6. El próximo tren llega a las once.

第9課　1　Práctica de kanji

087	午	午	午	午					
088	後	後	後	後					
089	前	前	前	前					
090	名	名	名	名					
091	白	白	白	白					
092	雨	雨	雨	雨					
093	書	書	書	書					
094	友	友	友	友					
095	間	間	間	間					
096	家	家	家	家					
097	話	話	話	話					
098	少	少	少	少					
099	古	古	古	古					
100	知	知	知	知					
101	来	来	来	来					

第9課　2　Uso de kanji

I Escribe las combinaciones adecuadas de kanji y *hiragana*.

1. _____は_____が降っていました。
　　　ごぜんちゅう　　　あめ　　ふ

2. _____は_____の_____に行って、_____。
　　ごご　　　　ともだち　　　いえ　　　　　　　　　はなしました

3. この_____着物は_____ _____です。
　　　しろい　きもの　　すこし　　ふるい

4. あの人の_____を_____いますか。_____ください。
　　　　　　なまえ　　　　　しって　　　　　　　　かいて

5. _____待ちましたが、スーさんは_____。
　　　にじかん　　ま　　　　　　　　　　　きませんでした

6. 今、_____がないから、クラスの_____、_____をしましょう。
　　　じかん　　　　　　　　　　　あと　　はなし

II Utilizando los kanji que te sabes, traduce las oraciones al japonés.

1. Por la tarde escribí una carta a mi amigo.

2. Leo un libro durante una hora en casa.

3. La oficina de correos está entre el banco y la librería.

4. Mi amigo se encuentra detrás del profesor.

5. La parada del autobús está delante de la universidad.

6. Te llamaré más tarde.

第10課　1　Práctica de kanji

102 住	住	住	住				
103 正	正	正	正				
104 年	年	年	年				
105 売	売	売	売				
106 買	買	買	買				
107 町	町	町	町				
108 長	長	長	長				
109 道	道	道	道				
110 雪	雪	雪	雪				
111 立	立	立	立				
112 自	自	自	自				
113 夜	夜	夜	夜				
114 朝	朝	朝	朝				
115 持	持	持	持				

第10課 2 Uso de kanji

Ⅰ Escribe las combinaciones adecuadas de kanji y *hiragana*.

1. _____、この_____に_____つもりです。
   　　らいねん　　　　　　まち　　　すむ

2. _____の_____に_____が降りました。
   　　ことし　　　　　おしょうがつ　　　ゆき　　　　ふ

3. _____の時計を_____、友だちのプレゼントを_____。
   　じぶん　　とけい　　　　うって　　　　　　　　　　　　　　かいました

4. _____におじぞうさんが_____います。
   　みち　　　　　　　　　　たって

5. あしたの_____、かさを_____きてください。
   　　　　あさ　　　　　　　もって

6. _____が_____なりました。
   　よる　　　ながく

Ⅱ Utilizando los kanji que te sabes, traduce las oraciones al japonés.

1. Este año seré estudiante de tercero.

2. Nevó esta mañana.

3. Vendí mi viejo coche y compré uno nuevo.

4. La Sra. Yamada es alta y tiene el pelo largo.

5. ¿Te llevo la bolsa?

6. Mañana comienza un nuevo año.

第11課　1　Práctica de kanji

116 手	手	手	手						
117 紙	紙	紙	紙						
118 好	好	好	好						
119 近	近	近	近						
120 明	明	明	明						
121 病	病	病	病						
122 院	院	院	院						
123 映	映	映	映						
124 画	画	画	画						
125 歌	歌	歌	歌						
126 市	市	市	市						
127 所	所	所	所						
128 勉	勉	勉	勉						
129 強	強	強	強						
130 有	有	有	有						
131 旅	旅	旅	旅						

第11課　2　Uso de kanji

I Escribe las combinaciones adecuadas de kanji y *hiragana*.

1. 友だちから＿＿＿＿＿＿＿をもらいました。とても＿＿＿＿＿＿＿＿＿＿人です。
　　　　　　　　てがみ　　　　　　　　　　　　　　　　　　あかるい

2. ＿＿＿＿＿＿＿を見たり、＿＿＿＿＿＿＿＿＿＿して、日本語を＿＿＿＿＿＿＿します。
　　えいが　　　　　　　　　うたったり　　　　　　　　　　　べんきょう

3. 家の＿＿＿＿＿＿＿に＿＿＿＿＿＿＿があります。
　　　　ちかく　　　　びょういん

4. 父は＿＿＿＿＿＿＿が＿＿＿＿＿＿＿です。
　　　　りょこう　　　　すき

5. 鎌倉＿＿＿＿＿に住んでいます。とても＿＿＿＿＿＿＿な＿＿＿＿＿です。
　かまくら　し　　　　　　　　　　　　　　　ゆうめい　　　ところ

6. ＿＿＿＿＿が＿＿＿＿＿＿＿＿です。しょうらい、＿＿＿＿＿＿＿になりたいです。
　　うた　　　だいすき　　　　　　　　　　　　かしゅ

II Utilizando los kanji que te sabes, traduce las oraciones al japonés.

1. En mis días libres veo películas, canto canciones, etc.

2. Mi amigo vive en mi barrio.

3. Como estaba enfermo, no viajé.

4. Por favor, escríbeme una carta.

5. Nunca he estudiado otros idiomas.

第12課　1　Práctica de kanji

132	昔	昔	昔	昔					
133	々	々	々	々					
134	神	神	神	神					
135	早	早	早	早					
136	起	起	起	起					
137	牛	牛	牛	牛					
138	使	使	使	使					
139	働	働	働	働					
140	連	連	連	連					
141	別	別	別	別					
142	度	度	度	度					
143	赤	赤	赤	赤					
144	青	青	青	青					
145	色	色	色	色					

第12課　2　Uso de kanji

I Escribe las combinaciones adecuadas de kanji y *hiragana*.

1. ＿＿＿＿＿＿＿、ある所に＿＿＿＿＿＿がいました。
　　むかしむかし　　　　　　　　　かみさま

2. ＿＿＿＿＿＿は＿＿＿を＿＿＿＿＿＿＿＿、＿＿＿＿＿＿＿＿いました。
　　ひとびと　　　うし　　　つかって　　　　　　はたらいて

3. 「＿＿＿＿＿＿は大変ですか。」「＿＿＿＿＿＿大変じゃないです。」
　　べんきょう　たいへん　　　　　べつに　　たいへん

4. 大人は＿＿＿＿＿＿ ＿＿＿＿、子どもは＿＿＿＿＿ ＿＿＿＿のＴシャツを着ています。
　おとな　あかい　いろ　　　　　　あおい　いろ　ティー　　　き

5. ＿＿＿＿＿＿の休みに、友だちを＿＿＿＿＿＿＿＿ ＿＿＿＿＿＿＿＿。
　　こんど　　　　　　　　　　つれて　　　　かえります

6. ＿＿＿＿＿＿の前で、友だちと＿＿＿＿＿＿＿＿＿＿。
　　じんじゃ　　　　　　　　わかれました

II Utilizando los kanji que te sabes, traduce las oraciones al japonés.

1. Me gustan el rojo y el azul.

2. He estado en Tokio una vez.

3. No me gusta levantarme temprano por la mañana.

4. No quiero separarme de ti.

5. ¿Puedo usar el teléfono?

6. Tengo que trabajar el domingo.